Faire accepter son prix à ses clients

Éditions d'Organisation
Groupe Eyrolles
61, bd Saint-Germain
75240 Paris Cedex 05

www.editions-organisation.com
www.editions-eyrolles.com

ISBN : 978-2-212-54751-1

Pascal PY

Faire accepter son prix à ses clients

Le Pricing Power

Troisième édition

Du même auteur dans la même collection

Faire signer ses clients, 2009, 5e édition
(comment obtenir une commande sans avoir à la demander…)
Conquérir de nouveaux clients, 2008, 3e édition
(comment se faire recevoir et prospecter avec succès)
Le Plan d'actions commerciales du vendeur, 2006
(comment concevoir, bâtir et rédiger son plan d'actions commerciales terrains)
Concevoir et piloter un plan d'actions commerciales, 2005
Manager ses clients, 2001
(comment gérer, fidéliser et animer son portefeuille de clients)

Chez le même éditeur

Le Grand Livre du Responsable Commercial, 2009
Gérer son secteur de vente et son portefeuille de clients, 1994

Chez Maxima

Les commerciaux descendent de Cupidon et leurs clients de Vénus, 2008

À Michèle, mon épouse

Sommaire

Deuxième partie

Préparez vos négociations commerciales pour renforcer votre *pricing power*

Troisième partie

Comment vendre à votre prix, sans discussion

Avant-propos

De nos jours, l'enjeu du prix est d'autant plus important pour les commerciaux que leurs clients, acheteurs professionnels ou non, entendent eux aussi acheter aux meilleures conditions possible et, dans ce but, s'entraînent activement à négocier.

C'est pourquoi j'ai choisi de faire accéder mes amis commerciaux à quelques-uns des secrets, véritables clefs du succès, développés dans le séminaire que j'anime avec mon équipe, de nombreuses fois chaque année, sous le titre *Savoir vendre le prix et les conditions*. Je me suis inspiré des principaux items de ce séminaire dont bénéficient les forces de vente d'entreprises désireuses de perfectionnement et aspirant à compter parmi les plus performantes de leur secteur. Ceci explique que les méthodes proposées dans ce livre, tant par leur pertinence que par leur pragmatisme, rompent délibérément avec les démarches traditionnelles de nombreux auteurs, souvent empruntes d'une vision théoricienne de la vente.

Au terme de cette lecture vous saurez mieux résister aux pressions qu'exercent vos clients en vue d'obtenir quelques faveurs ou remises. En appliquant les méthodes préconisées, vous pourrez vendre vos produits ou services aux meilleures conditions possibles de prix et de marge. Ceci ne manquera pas d'être bénéfique à votre entreprise et partant… à vous-même.

Chapitre préliminaire

Le *pricing power* l'art d'imposer son prix

Dans le monde de l'habillement et du paraître, une robe Christian Dior vaut plus de dix fois le prix de celle de tout autre couturier inconnu, si bon soit-il. Louis Vuitton vend ses sacs à des prix probablement cent fois supérieurs à ceux observés pour les copies proposées par des vendeurs à la sauvette. Si bonnes ces copies soient-elles, l'écart de prix entre le vrai et le faux est abyssal. D'où provient un tel différentiel ? Bien évidemment pas dans l'attachement des clients à éviter de commettre un délit. Ce n'est en effet pas la peur du gendarme qui pousse les femmes à acheter plus cher des sacs Vuitton mais l'existence d'un pouvoir essentiel que les Anglo-Saxons désignent par le vocable *pricing power*.

Le *pricing power* est la capacité, pour une entreprise, une marque ou un individu, de pouvoir librement fixer ses prix et les imposer à ses clients. Si l'on en juge par les prix affichés par divers constructeurs automobiles, le *pricing power* de BMW est significativement supérieur à celui de Peugeot ; celui de Peugeot est plus fort que celui de Fiat qui lui-même a un *pricing power* plus élevé que celui d'Hyundai. France Télécom, incontestable leader dans la téléphonie, pratique des prix réputés significativement plus chers que ceux de ses concurrents SFR ou Free. Ce qui est vrai pour des entreprises aussi puissantes, l'est tout autant pour des commerciaux pris individuellement. Au cours de nos stages intensifs de formation au *pricing power*, visant à développer le savoir-faire pour vendre le prix et faire accepter ses conditions, nous observons que ce *pricing power* varie fortement d'un individu à l'autre. Opérant sur un même marché, un segment de clientèle analogue, avec des produits parfaitement identiques, les participants ne parviennent pas à vendre à un prix similaire. Leurs niveaux de marges et les prix de vente pratiqués varient selon les vendeurs et les écarts entre ceux-ci s'avèrent souvent démesurés. Dans certaines équipes l'amplitude du différentiel entre les commerciaux peut avoisiner 45 % ! La vérité est que leur *pricing power* respectif n'est pas de même niveau. Certains, par expérience et tâtonnements successifs ou grâce à une intelligence commerciale aiguisée ont développé un *pricing power* important alors que d'autres n'ont pas su le faire. La baisse de prix, la remise et/ou des concessions diverses sont les seules réponses qu'ils fournissent aux incessantes sollicitations de leurs interlocuteurs et quelquefois même, sans aucune sollicitation de ceux-ci !

Prix au kilogramme de quelques voitures au 2e semestre 2010		
Porsche Carrera S	1 425 kg pour 99 186 €	69,6 €/kg
Peugeot Coupé RCZ	1 213 kg pour 27 400 €	21,57 €/kg
Renault Dacia Logan	975 kg pour 7 600 €	7,79 €/kg

Renforcer votre *pricing power* pour accroître vos ventes, améliorer votre marge moyenne et fortifier votre capacité à vous opposer aux exigences grandissantes de clients de plus en plus âpres aux économies est l'objectif de ce livre.

Toute négociation présuppose un début et une fin. En matière commerciale, comme en toute autre situation de négociation, la question se pose donc de savoir quand commence et quand s'achève une négociation. Si le terme d'une négociation est aisé à fixer (la signature d'un contrat ou d'un bon de commande détaillant prix et conditions), il n'en est pas de même pour son point de départ. De nombreux auteurs situent ce point dès les premiers échanges, quand le client manifeste au vendeur quelques réticences à acheter ou avance un inconvénient, une insuffisance du produit présenté. Pour ma part, vingt années passées auprès de mes commerciaux à négocier avec leurs clients me persuadent qu'argumenter ou répondre aux objections d'un client n'équivaut pas à négocier avec lui. Il s'agit simplement, à ce stade, de le convaincre que le produit ou service que nous lui proposons apporte une vraie solution à ses problèmes et le rend propre à le satisfaire pleinement. La pratique de ces échanges appartient aux techniques de vente, et non à celles de la négociation.

En vérité, la négociation commence quand le client est parfaitement d'accord pour acheter le produit ou service proposé, mais n'est pas d'accord sur le prix et les conditions de celui-ci. De là, l'axiome suivant dont le bon commercial ne saurait se départir : préalablement à toute négociation, les différentes étapes de la vente doivent avoir impérativement été respectées. À défaut, il aura, comme les bœufs de la charrue, du mal à faire avancer son attelage. Son interlocuteur n'aura de cesse d'avancer la cherté du produit ou d'exprimer son désaccord sur les conditions générales de la vente, alors même que son désir ou besoin d'achat n'aura pas été reconnu et validé par lui.

Quelles sont donc les différentes étapes de la vente, préalables indispensables à toute négociation ?

1. Une bonne prise de contact et **l'obtention d'un accord afin d'être autorisé à poser des questions**. Cette sorte d'habilitation évite d'être perçu comme un sombre « inquisiteur ». Elle est en outre une invitation à la découverte de la réalité du besoin.
2. La **découverte des problèmes du client**, de ses attentes et préoccupations profondes et des réponses à y apporter. Cette étape est indispensable pour mener le client à mettre à jour son besoin, l'apprécier et le reconnaître.
3. Une **bonne reformulation** du besoin découvert, reconnu et validé par le client. Plus qu'un simple résumé, cette reformulation doit, dans son énoncé, transcender le besoin mis à jour.
4. La **déclinaison des caractéristiques du produit ou service offert en avantages et bénéfices pour le client**. Les caractéristiques d'un produit ne sont en effet dignes d'intérêt dans la seule mesure où elles rapportent des bénéfices tangibles à son acquéreur, bénéfices satisfaisant à son attente profonde.
5. Une **tentative de conclusion** adaptée à la situation qui vise à obtenir l'accord du client.

Vous m'objecterez peut-être que le prix est un élément tellement déterminant que sa connaissance est exigée par les acheteurs potentiels très tôt dans l'entretien. Tant et si bien qu'il est quelquefois difficile de dérouler le processus complet d'entretien de vente sans que le problème du prix soit posé. C'est vrai et pourtant le choix du moment de son annonce est une des clefs de son acceptation. Cette observation est si essentielle dans la vente du prix et des conditions qu'elle appelle un rapide développement.

Le travail de la vente revient en effet à conduire nos clients à abandonner une position de *non-achat* pour celle, plus positive, d'achat. Tout se passe comme si, ayant à traverser une étendue d'eau d'une rive à l'autre, leurs dénégations étaient autant d'amarres qui les retenaient à l'embarcadère de départ... En bon marinier, c'est à nous, commerciaux, que revient le soin de barrer l'embarcation... Si nos clients étaient capables d'effectuer cette traversée eux-mêmes et de rejoindre par leurs propres moyens l'autre rive, notre métier y perdrait tout intérêt et nous, notre job ! En quoi consiste cette traversée que les commerciaux doivent opérer pour le compte d'autrui ? C'est justement de lui faire accepter une vue positive des choses.

Observons à ce propos que, face à ses désirs ou à ses besoins, l'être humain est souvent partagé. **Satisfaire ou pas** ! Toute une partie de lui-même est toujours prête à le faire et donc à acheter. S'ensuivent des attitudes positives qui vont dans ce sens. Mais pour éviter que notre société ne soit que débâcles et débauches, l'être humain apprend, dès son plus jeune âge, à se retenir et à borner ses satisfactions[1]. Ceci explique qu'une autre partie de lui-même se trouve être négative et se refuse la satisfaction convoitée et partant, l'achat[2]. Le rôle dévolu aux forces

1. Les psychologues ont démontré que l'éducation sphinctérienne des jeunes enfants contribuait largement à conditionner et à encadrer strictement la satisfaction de leurs « besoins ». Pour être plus clair, disons qu'il y a des heures et des lieux imposés pour cela et si les conditions ne sont pas réunies, le renoncement est obligé. S'établissent ainsi, au cours de notre enfance, des schémas et des associations qui s'inscrivent définitivement dans nos psychismes et déterminent plus tard la gestion de beaucoup de désirs chez l'adulte.
2. Si l'absence ou l'insuffisance de moyens est souvent la juste raison avancée pour se refuser un achat, il n'en demeure pas moins que la fonction psychologique du « front du refus » est entièrement remplie...

de vente est de rendre positive la partie négative des clients. Pour ce faire, la seule raison ne saurait suffire à la tâche. Je veux dire que l'argument n'y suffit pas. Le besoin subjectif appelle l'action psychologique. De là, cette nécessité de n'utiliser aucune formulation qui risque d'entraîner des réactions négatives. De là, aussi, celle d'entraîner le client, à l'instar des mouvements visant à développer la musculation, à accomplir un travail d'acquiescement systématique bien connu des meilleurs vendeurs. Le client potentiel adoptera ainsi une attitude positive. Pour reprendre la métaphore, chaque fois que notre interlocuteur prononcera **un « oui »**, aussi modeste soit-il, c'est une des amarres qui le retenait à l'embarcadère du *non-achat* qui aura rompu… Chaque « oui » vaut accord et invitation à persévérer dans notre effort. Le « oui » est comme une indication donnée au commercial. C'est la reconnaissance qu'il travaille dans le bon sens. Au fond ces accords répétés sont comme des satisfecit délivrés pour l'encourager. Ils sont comme les marches d'un escalier que le client franchit une à une, pas à pas, pour parvenir à son sommet, sommet dont l'enjeu est **un grand « oui » final**. Un grand « oui » final, qui par définition ne saurait être obtenu en un seul coup et ceci est heureux car notre travail de vendeur serait, ici encore, réduit à néant ! C'est dans le même esprit qu'il faut lui épargner toute attitude négative et éviter tout blocage. Dans ce contexte la connaissance du prix avant qu'il identifie son besoin, l'apprécie et le reconnaisse, est terriblement dangereux. Il renforce chez le prospect ce que nous pourrions appeler de façon quelque peu cynique ses défenses immunitaires contre son désir d'achat… Un système de défense qu'il s'empresse de mettre en place en nous questionnant d'entrée de jeu sur les prix et conditions. Le lui refuser aimablement est de bonne guerre. Une formule sibylline et dilatoire du genre : « *Je vais vous le préciser dans quelques instants* *et vous verrez que ce prix est particulièrement attractif au regard des satisfactions que ce matériel vous offrira* », suffira dans de nombreux cas à le faire patienter. Cette sage précaution vous permettra d'aborder le round de la négociation, fort d'un besoin ressenti et reconnu. « *Faute avouée est à demi pardonnée* » dit-on. Gageons que le produit dont le besoin est ressenti et admis par un client, lui est à moitié vendu !

Ce préalable énoncé, venons-en au plan de ce livre. Nous approchons la résolution du problème en quatre parties :

✓ **La première partie** est consacrée aux grands enjeux de la négociation. Très simplement, les enjeux, c'est ce qu'il y a à gagner et à perdre dans la négociation, tout particulièrement pour l'entreprise que nous défendons : en clair, pourquoi développer son *pricing power*.

Ces enjeux sont eux-mêmes de trois ordres. Chacun de ces enjeux justifie un chapitre. Le premier chapitre envisagera les choses de façon psychologique. En effet, reconnaissons qu'une Ferrari flambant neuve au prix de 40 000 euros n'est plus une Ferrari ! À ce prix le rêve s'envole. Autrement dit, à un niveau de prix est associé un niveau de prestige et de qualité. Cet équilibre très subjectif est précaire. Le vendeur ne saurait, par le jeu de remises intempestives, le remettre en cause sans danger pour l'image qu'en a son client. Le deuxième chapitre, d'ordre plus financier, se rapporte à l'impact que peut avoir une négociation sur les comptes de l'entreprise. Le troisième chapitre traite des enjeux individuels de l'acheteur et du vendeur qui peu ou prou pèsent sur la négociation. Ici, il s'agit de réfléchir aux conséquences personnelles que peut avoir la négociation.

✓ **La deuxième partie** porte sur la préparation de la négociation. Une bonne préparation est une des clefs pour renforcer votre *pricing power.* À l'image d'une compétition (et la vente en est une) elle ne saurait être menée, et *a fortiori* gagnée, sans les préparatifs d'usage, apanage des grands compétiteurs.

Mettre au point un argumentaire prix (chapitre 4), justifier et argumenter les écarts de prix avec ceux pratiqués par les concurrents (chapitre 5), définir les aspirations du vendeur et les fourchettes d'accords possibles (chapitre 6), disposer d'une balance d'échanges et de concessions (chapitre 7), évaluer le pouvoir respectif de chacun des « protagonistes » de la négociation (chapitre 8), sont les cinq étapes préalables indispensables à toute négociation qui font l'objet chacune d'un chapitre.

✓ **La troisième partie** nourrit l'ambition de vous fournir les armes pour affermir votre *pricing power,* autrement dit de vendre à votre prix, et cela sans devoir négocier ni consentir à le baisser. Le choix du moment pour parler argent avec un client est en effet capital. Il incombe au commercial d'en décider à bon escient. Cette décision lui impose une bonne maîtrise de l'entretien de vente et un regard lucide sur l'évolution de son interlocuteur dans son processus d'achat. Toutefois, si le respect du *timing* est important, celui de la forme, je veux dire du *comment* annoncer son prix l'est tout autant. C'est pourquoi nous examinons en détail dans le chapitre 9 comment répondre à la question « c'est combien ? ». Le chapitre 10, quant à lui, apporte les solutions à la double problématique du *quand* et du *comment.* L'annonce faite, nous ne sommes pas forcément au bout de nos peines. Une ultime attaque survient fréquemment en la forme d'un « *Vous êtes cher* » ou « *C'est trop cher* » ou tout autre aphorisme qui nous informe d'une réticence à payer. Une dernière salve, un dernier tir de barrage sont possibles avant de devoir consentir à entrer en négociation. Ce contre-feu y suffit souvent. Répondre à l'objection portant sur le prix est le thème de notre chapitre 11. Enfin, le chapitre 12 expose une autre voie pour accroître votre *pricing power*. Celle-ci réside dans le judicieux choix du niveau de prix que vous devez annoncer au départ. Faut-il présenter le prix de base de votre produit sans aucune option, libre à votre client d'ajouter les compléments comme bon lui semble ?

Est-il au contraire plus avisé de pratiquer le *tout compris* incluant tous les accessoires ou encore avancer *le juste prix*, correspondant exactement au produit (et les variantes associées) tel que désiré par votre interlocuteur ?

✓ **La quatrième partie** traite des techniques de négociation proprement dites. Tour à tour nous passerons en revue les différents aspects, méthodes et outils pour mener à bien une négociation, à savoir : juger à quel genre de négociateur vous avez affaire (chapitre 13) ; prendre un bon départ en limitant les revendications (chapitre 14) ; un exemple de déroulé d'une entame de négociation vous confie les bons mots pour bien démarrer (chapitre 15) ; face aux différentes revendications, savoir faire pression et vous jouer de la pression (chapitre 16) ; déjouer les pièges qui vous sont tendus (chapitre 17) ; employer les trucs et astuces du bon négociateur (chapitre 18) ; user de la bonne tactique de négociation (chapitre 19) ; gérer efficacement ses concessions (chapitre 20) ; conclure un accord (chapitre 21) ; gérer sa sortie (chapitre 22).

La conclusion vous indique le bon plan pour mener à bien une négociation et maximiser votre *pricing power*.

Première partie

Définir les enjeux de la négociation

Pour défendre le prix et les conditions, il nous faut connaître les grands enjeux que revêt le problème. Mais voyons tout d'abord ce que véhicule le terme « *enjeux* ».

Qu'est-ce qu'un enjeu ? La question est souvent posée par les participants à nos séminaires. En bref et très prosaïquement, disons que c'est un peu comme au poker : l'enjeu, c'est la mise de chacun et le total des mises des différents joueurs. Autrement dit, c'est ce que les négociateurs peuvent espérer individuellement gagner si cela se déroule comme ils l'espèrent et ce qu'ils risquent, les uns et les autres, de perdre si les choses se passent mal pour eux. L'enjeu, c'est ce que les négociateurs peuvent gagner ou perdre dans l'opération.

Les différents aspects des enjeux d'une négociation commerciale sont d'ordre psychologique, financier et personnel. Chacun de ces aspects est l'objet d'un chapitre.

Chapitre 1

Les enjeux psychologiques du prix

Un produit véhicule de l'image. Cette image est aussi importante (et quelquefois davantage) que le produit lui-même. Faire fi de cet aspect des choses est dangereux. La société Bic, pourtant grande spécialiste du marketing de masse, en a fait l'amère expérience avec ses parfums. Ceux-ci, de l'aveu même de *grands nez*, étaient pourtant des fragrances de bonne facture. Distribués au prix de 5 francs dans les rayons bazar des stations-service, ils ne parvinrent jamais à séduire les consommateurs. De guerre lasse, les dirigeants finirent par jeter l'éponge, après avoir enregistré des pertes abyssales. La vérité est qu'un parfum comporte une part de rêve incommensurable. Notre odeur est partie intégrante de nous-mêmes. Elle ne saurait ni être banalisée par une diffusion de masse, ni être acquise à un tarif de pacotille.

La subjectivité d'un prix donné et reçu imprègne toute négociation. C'est pourquoi l'enjeu du prix revêt un aspect psychologique dont il nous faut tenir compte. Citons la relation entre le prix et la qualité, et déterminons les stratégies issues des différents croisements possibles de ces deux critères. Analysons la méconnaissance du prix de la part du client. Appréhendons la crainte des commerciaux d'être plus chers que leurs concurrents. Percevons bien le caractère libératoire du paiement dans nos sociétés et enfin comprenons la quête angoissante du client de bénéficier d'un prix avantageux à défaut du meilleur prix.

Les différentes stratégies qualité/prix

« C'est cher ? Non, ce n'est pas cher au regard de la qualité ! Veux-tu dire que c'est un bon rapport qualité/prix ? » Ces banalités du langage quotidien suffisent à nous persuader que, pour tout un chacun, niveau de qualité et niveau de prix se marient si bien ensemble qu'ils perdent leur sens séparément. C'est pourquoi, pour une firme, définir une stratégie en matière de prix, c'est définir le positionnement de l'offre faite à ses clients, sur une échelle de prix et de qualité. Bien évidemment ce choix, hautement stratégique au plan marketing, tient compte du contexte concurrentiel, autrement dit de ce que proposent les concurrents installés. Par ailleurs ce choix doit être cohérent au regard du segment de marché visé, du pouvoir d'achat des clients de ce segment et d'une façon plus générale être en harmonie avec le *mix marketing* de l'entreprise, c'est-à-dire avec les choix en matière de communication, de distribution, de force de vente, de packaging, etc.

Selon Laurent Maruani[1], à partir de trois niveaux de prix et trois niveaux de qualité, neuf politiques distinctes peuvent être établies (cf. tableau page 32). Parmi elles, cinq, plus saillantes et clairement différenciées, sont détaillées ci-après.

1. « Approche stratégique de la détermination du prix », *Revue française de gestion*, janvier-février 1989, p. 1-19.

Qualité supérieure/Prix élevé

C'est la stratégie dite de haut de gamme. Elle est élective par définition. Elle entend satisfaire une clientèle aisée, recherchant des produits prestigieux aux qualités de solidité, de sérieux, d'esthétique et d'images reconnues et admises par tous. Le prix élevé est indissociable de ce positionnement stratégique, et fait partie de la définition même du produit. Il est pour son client l'apanage de son propre succès. Je veux dire de ses propres qualités… La perte d'image que sanctionnerait immanquablement une baisse éventuelle de prix aurait pour conséquence immédiate, une perte de clientèle. Ici l'enjeu psychologique du prix est si puissant que le prix est un facteur clef de succès. Christian Dior, Moët, Louis Vuiton, Givenchy, Porsche, Mercedes, etc., en sont les plus vivants exemples. Concéder une remise promotionnelle (hors soldes) serait une grossière et fatale erreur !

Qualité médiocre/Prix bas

C'est la stratégie inverse à celle que nous venons d'examiner. C'est celle de bas de gamme. Populaire, au sens de la masse qu'elle entend séduire, elle est fondée sur la quête stratégique d'énormes volumes de consommation. La dimension psychologique du prix est tout aussi clef de succès que dans la stratégie de haut de gamme. En revanche, le prix est ici toujours avantageux, exceptionnel, plus bas qu'ailleurs. Peu importe la satisfaction qu'apporte le produit acquis. Ce qui est assouvi, en priorité, c'est l'immense besoin d'acquérir et de consommer !

Qualité médiocre/Prix élevé

Étonnant, non ? Et pourtant vrai ! Ce sont les stratégies d'exploitation. Elles sont le fait d'entreprises qui s'adressent à une clientèle captive dont elles entendent obtenir le maximum de rendement dans un minimum de temps. C'est le cas de certaines entreprises de tourisme saisonnier, à la clientèle éphémère et renouvelée en permanence. D'autres circonstances peuvent conduire des dirigeants à opter pour cette stratégie : chute de la demande, main d'œuvre vieillissante, fermeture inéluctable à plus ou moins longue échéance de l'entreprise ou de l'un de ses départements... Des hausses de prix, l'allongement des délais, une baisse de la qualité des services sont autant de facteurs qui concourent à la stabilisation des bénéfices dans ces périodes de vaches maigres.

Qualité élevée/prix faible

Un excellent restaurant charentais s'était astucieusement ouvert près de l'INSEE, à Paris. À l'occasion d'un rendez-vous au sein de cet organisme, je décidai de déjeuner dans ce tout nouveau restaurant. Une véritable aubaine. La cuisine, bon marché, était de grande qualité. Un rêve culinaire dans un monde quasi imaginaire où il suffisait de quelques dizaines de francs pour bien manger. Désireux de le faire connaître à des amis, j'y retournai quelques semaines plus tard. Le prix avait purement et simplement doublé. Un an après, il avait une nouvelle fois doublé et rejoint ainsi le prix correspondant à son standard de qualité !

Au fond cette stratégie revient à faire un cadeau. Elle sollicite ainsi le bouche à oreille des clients. Elle est très usitée pour le lancement de produits par des entreprises qui manquent d'argent, comme dans l'exemple ci-dessus, l'ouverture d'un restaurant. Le cadeau suffit à faire prendre en charge, par les clients, l'effort de promotion. Elle évite d'importantes dépenses de communication et permet de se roder afin de parfaire sa connaissance de la clientèle, le temps du lancement.

Qualité moyenne/Prix moyen

Stratégie de milieu de gamme, elle est probablement la plus « racoleuse » des politiques de prix. Ses tenants visent à séduire le plus grand nombre de clients. Ils y parviennent d'autant plus que certaines options du mix marketing vont satisfaire les clients aux quatre points cardinaux des quatre premières stratégies que nous venons d'évoquer. Par exemple, un constructeur automobile tel que Peugeot pourra obtenir la faveur de conducteur de la stratégie de haut de gamme en offrant un véhicule version grand luxe, avec toutes les options. Ici la psychologie du prix est celle d'une clientèle désireuse d'avoir le beurre et l'argent du beurre. Elle ambitionne de rouler en Mercedes à un prix plus attractif…

Les stratégies intermédiaires

À mi-chemin entre chacune des stratégies ci-dessus, sont quatre positionnements intermédiaires : associer avec un prix moyen, une qualité élevée ou médiocre ou encore associer à une qualité moyenne, un prix élevé ou très bas. Peu saillantes et souvent mal perçues par les clients, nous ne citons ces stratégies que pour mémoire.

Dans un tel contexte, où niveaux de qualité et politique de prix s'entremêlent pour offrir une palette de possibilités, véritable Janus d'ombres et de lumières, on comprend mieux le désarroi des clients face à une offre de prix. On comprend mieux de même, que le prix est tellement subjectif et porteur de sens, que sa négociation ne saurait faire abstraction de son positionnement stratégique. Autant dire que faire une remise, ou proposer un régime dérogatoire à des conditions générales de vente à un client, risque d'ouvrir une brèche dans l'image qu'il nourrit en lui et qui par définition est éphémère et très psychologique. Une Mercedes au prix d'une Peugeot demeure-t-elle une Mercedes ? Les conséquences peuvent être dramatiques et cela bien au-delà du simple abandon de marge qui vient d'être concédé. Ne serait-il pas, par exemple, terriblement destructeur de valeur que d'apposer sur un flacon de parfum de renom une étiquette de solde de 50 % ? Pour porter préjudice à l'entreprise qui le produit, on ne s'y prendrait pas autrement…

Prix / Qualité	Élevé	Moyen	Faible
Élevée	Stratégie élective	Stratégie de réputation	Stratégie de normalisation
Moyenne	Stratégie de rentabilisation	Stratégie du milieu de gamme	Bon rapport qualité/prix
Médiocre	Stratégie d'exploitation	Stratégie de la fausse économie	Stratégie de bas de gamme

La méconnaissance des prix, côté consommateurs

Des études aux résultats incontestables ont été réalisées sur la connaissance des prix par les consommateurs. Toutes aboutissent à la même conclusion. Cette connaissance des prix est plutôt imprécise. Une enquête menée par l'IECS[1] à Strasbourg, portant sur un échantillon de 606 personnes fréquentant des hypermarchés et supermarchés de la région, donne, à ce propos, des résultats éloquents. Les questions portaient sur des produits de consommation courante tels que sucre, lait, eau minérale, produit vaisselle, etc. 17 % seulement des prix indiqués par les personnes sondées à la sortie des magasins s'avérèrent exacts. Près de 40 % des indications de prix s'écartaient de plus de 30 % du prix réel ! Sans aller jusqu'à une étude aussi scientifique et exhaustive, vous pouvez vous faire aisément une opinion sur le sujet grâce à l'émission télévisée « Le juste prix ». Sa vocation éducative vise justement à renforcer la connaissance des prix chez le téléspectateur ; excellent moyen de le mettre à contribution dans la lutte contre l'inflation ! Vous n'aurez aucun mal à vous convaincre qu'il reste un énorme travail à effectuer. Pour notre part, au cours de notre séminaire *Savoir vendre et négocier le prix et les conditions*, nous effectuons des sondages auprès des participants. Tous aboutissent systématiquement au même constat : sur 10 articles de consommation courante, les prix proposés par eux s'étendent du simple au triple !

1. Francis Hirn, « Les consommateurs connaissent-ils le prix des articles courants ? », *Revue direction et gestion* n° 4, 1985.

C'est probablement de cette méconnaissance que ressort en partie la sempiternelle revendication de nos clients qui s'expriment sous de multiples formulations, telles que : *« C'est cher, vous êtes plus cher que, vous n'êtes pas placé, j'ai trouvé moins cher ailleurs, c'est pas donné, qu'est-ce que vous faites comme remise, faites-moi un prix »*, etc. Cette quête quasi automatique de conditions spéciales, adressée à l'endroit des commerciaux, est d'autant plus systématisée que l'acheteur est dans l'ignorance. Point n'est besoin de savoir, n'y d'espérer pour quémander. À l'image du proverbe arabe : *« Bats ta femme chaque matin, si tu ne sais pas pourquoi, elle le sait. »*

Le plus surprenant dans cette attitude est, s'agissant de son impact chez les commerciaux, qu'elle fonctionne encore et toujours, sous tous les cieux ! Parlons-en.

La crainte côté vendeurs d'être plus chers que leurs concurrents

Au sein des équipes de vente les commerciaux se plaignent fréquemment de deux choses : les produits qu'ils proposent *ne sont pas placés* et commerciaux d'une même équipe, ils ne sont objectivement pas égaux à faire respecter le prix à leurs clients. Incontestablement certains parviennent mieux que d'autres à répondre aux sollicitations des acheteurs. C'est dire que chez les commerciaux aussi, la vente du prix a une dimension psychologique. S'entraîner à tenir tête et à ne pas craindre d'être trop cher est porteur de succès dans les négociations.

Le caractère libératoire du paiement

Qui parmi nous ne verrait pas d'un bon œil le gain – par tirage au sort à l'occasion d'une loterie par exemple – d'une voiture de rêve ? Pourtant, nombreux sont ceux qui procéderaient à sa revente immédiate, prétextant qu'ils n'ont pas les moyens de son entretien ou qu'elle fait double emploi avec la leur. En fait, ne l'ayant pas payée de leurs deniers, cette automobile, si belle soit-elle, serait mal valorisée dans leur esprit… La transformer en argent et acquérir un autre bien apparaîtrait plus conforme à leur relation aux choses : il faut les avoir payées ! Ce phénomène libératoire du prix est encore plus tangible dans l'acquisition du domicile à l'aide d'un crédit. Comme chacun sait, ni le crédit ni l'hypothèque sur le bien immobilier acquis ne font juridiquement obstacle au fait de réunir, dès la signature devant le notaire, tous les attributs, droits et obligations du propriétaire. Il n'empêche que beaucoup ne se considèrent comme dûment et vraiment propriétaires qu'une fois la dernière échéance enfin acquittée. À dire vrai dans nos cultures judéochrétiennes, acquitter le prix des choses est la preuve que leur possession est justifiable. Le paiement du prix est déculpabilisant !

La quête du meilleur prix et de l'achat à bon compte

Les consommateurs français par le passé, comme les Latins en général, ne se sont jamais tellement préoccupés des prix pratiqués par leurs fournisseurs. Le réflexe prix est probablement venu aux consommateurs sous la pression publicitaire des grandes surfaces dont l'argument principal a porté et porte toujours, pour l'essentiel, sur une offre avantageuse

(Mammouth n'a-t-il pas écrasé les prix durant plusieurs décennies ?). Ou encore quelle enseigne de nos jours ne rembourse-t-elle pas la différence de prix aux consommateurs trouvant moins cher ailleurs ?

Il en est de même chez les acheteurs et clients en milieu professionnel. Cette fois, c'est la concurrence internationale, et la nécessité d'être en fin de compte compétitif eux-mêmes, qui a dopé leurs exigences en matière de prix et conditions. L'essentiel des coûts d'exploitation des entreprises porte, hors salaires, sur les achats de biens et services. Si nous prenons pour hypothèse que ces derniers représentent 40 % des charges d'exploitation, il est clair qu'économiser 15 % sur ce poste dégage *ipso facto* 6 % de marge brute supplémentaire, soit pour de très nombreuses entreprises, un quasi doublement de leurs bénéfices. Un calcul qui justifie à lui seul que les professionnels soient devenus plus regardants en matière de prix et conditions !

Cette quête économique du meilleur prix se double d'une autre quête plus psychologique cette fois mais tout aussi motrice : *celle de ne pas se faire avoir* ! Ai-je acheté au meilleur prix possible ? N'est-ce pas courir le risque de passer pour un idiot, que d'acheter plus cher que ceux qui nous entourent ? Si cette interrogation n'était pas sous-jacente, pourquoi observerait-on tant de fierté chez celui, voisin ou ami, qui se vante d'avoir « trouvé » moins cher que nous ?

En conclusion en matière de psychologie de prix, il faut être rassurant et persuader à juste raison nos interlocuteurs que le prix proposé est le plus bas possible. Qu'il est même très attractif. Cela suffit souvent à verrouiller toute revendication de leur part. De là toutes les pratiques de prix qui approchent par défaut un seuil rond psychologiquement difficile à franchir.

Comme chacun sait, le premier prix d'une gamme d'automobiles de 9 999 euros est un prix subjectivement rattaché à la tranche des 9 000 euros et non à celle des 10 000 euros… De là également la pratique du lot consistant à offrir, associé à l'achat d'un article, un produit gratuit ou pour un modeste euro supplémentaire.

Chapitre 2

Les enjeux financiers[1]

L'enjeu financier de la défense du prix et des conditions de vente n'est autre que celui de la marge. Observons à ce propos qu'acheteurs et vendeurs font à ce titre le même calcul. Cette marge est elle-même le résultat de nombreux facteurs. Tout d'abord l'enjeu prix/volume, l'un conditionnant souvent l'autre. Plus le volume d'une commande est important, plus l'entreprise bénéficie d'une marge en valeur elle-même importante. Il s'ensuit que les acheteurs discutent d'autant plus le prix que la commande qu'ils se proposent de vous passer est attractive. Ensuite il existe un enjeu des frais accessoires, tels que le transport, l'emballage et les frais divers. Leur impact sur la marge est important. Selon qu'ils sont ou non facturés, la marge finale dont dispose votre entreprise n'est évidemment pas la même. Cela est vrai pour votre entreprise, pour ses fournisseurs et pour vos clients. De là, les interminables palabres pour savoir celui qui, du fournisseur ou du client, les prendra à sa charge. Vient ensuite l'enjeu du paiement. Selon le mode de règlement convenu et le délai octroyé aux clients, les frais financiers ne sont pas les mêmes et le risque d'un impayé est grand. Enfin l'enjeu dit des ultimes grappillages vaut aussi la peine d'être défendu. Je range sous ce vocable aussi bien la

1. Le lecteur familiarisé avec ces concepts n'hésitera pas à passer directement au chapitre suivant.

formation des utilisateurs, les conditions réclamées pour le passage d'une première commande, les abandons de frais concernant l'entretien, les éventuels lots de consommables gratuits et toutes autres demandes porte-clefs dont les acheteurs qui négocient activement sont insatiables. Ces grappillages recouvrent en somme tous les petits cadeaux qui, s'ils forgent l'amitié, ne constituent pas moins d'ultimes abandons, coûteux en marge et contre lesquels le *pricing power* du bon vendeur permet de lutter.

La marge, quels sont ses enjeux ?

La marge est la matière première du résultat commercial. C'est dire qu'elle est de toute première importance. Elle est devenue si stratégique que chaque jour plus nombreuses sont les entreprises qui rémunèrent leurs commerciaux sur les marges qu'ils dégagent et non plus sur le chiffre d'affaires ou les quantités qu'ils vendent.

Cette évolution est à la hauteur des enjeux qu'elle véhicule. La marge d'une entreprise est la différence entre ce que lui « laissent » en aval ses clients et en amont ses fournisseurs. En ce sens acheteurs et vendeurs participent, chacun de leur côté, à la défense de la marge. C'est pourquoi on peut avancer qu'au sein d'une entreprise, acheteur et vendeur font, de quelque manière, le même métier. L'acheteur défend la marge en amont contre ses fournisseurs, le vendeur la défend en aval contre ses clients.

Dans ce contexte il devient clair que l'enjeu marge est considérable. Entre un acheteur et un vendeur, ce que l'un perd en marge, à l'issue de la négociation, l'autre le gagne et inversement. Or c'est sur cette marge que l'entreprise s'acquitte du versement de ses salaires, loyers, impôts, frais commerciaux, bref de l'ensemble de ses frais de fonctionnement, d'investissement, de frais financiers, etc. Une entreprise, dont la marge est insuffisante pour couvrir ses frais, court à sa perte. Ceci fait dire que les commerciaux comme les acheteurs appartiennent au monde des guerriers de la ruche.

Bien acquise, la connaissance des enjeux de la marge ne suffit pourtant pas. Encore faut-il que le vendeur s'entraîne à négocier au mieux chacune des composantes du prix. Par exemple, savoir faire admettre la dégressivité d'un barème. Ou encore, faire accepter un délai de paiement, un supplément de prix pour une livraison en urgence, une facturation minimale, les frais de port ou de dossier. Par exemple, pour une banque, les frais de dossier représentent une part importante de la marge qu'elle dégage sur les crédits immobiliers.

Les leviers dont dispose le vendeur pour agir sur la marge

La question est importante pour ceux qui ont en charge la défense de la marge et dont la rémunération est quelquefois assise sur leur capacité à le faire. Le commercial n'a, hélas, que bien peu de moyens pour agir sur la marge. Les coûts fixes et variables font partie de sa donne. Il n'a aucun moyen d'agir sur ceux-ci. Alors comment peut-il faire ? En vérité, seuls deux facteurs sont opérants et permettent à un chargé de clientèle une action pour maximiser la marge. Le premier est le prix net de vente qu'il consent à son client. À l'évidence plus celui-ci sera élevé, plus grande sera la marge dégagée par l'affaire en question, toute chose égale par ailleurs. Le second correspond au volume de la commande prise. Autrement dit, une commande importante dégage à niveau de prix équivalent une meilleure marge, du moins en valeur. Convenons que plus élevés sont ces deux facteurs plus grande est la marge dégagée, et inversement. Autant dire que l'aptitude à négocier prix, conditions et volume est la clef du problème de la marge. Cette observation emporte la nécessité et l'intérêt de devoir intensifier votre *pricing power*.

Chapitre 3

Les enjeux personnels des acheteurs et des vendeurs

Quand deux personnes s'opposent à propos de la défense des intérêts de l'organisation qui les emploie, on ne saurait faire abstraction de leurs enjeux individuels et personnels.

De quoi est-il question ?

Il s'agit de toutes ces conséquences qu'entraîne une négociation pour les individus qui la conduisent. Cette observation vaut aussi bien pour les acheteurs que pour les vendeurs. Sans s'étendre longuement sur ce sujet, citons :

1. **Côté acheteur**, le besoin de satisfaire l'utilisateur, d'obtenir une reconnaissance, d'augmenter sa tranquillité, d'accroître ses marges de manœuvre, ou tout simplement de faire plier le vendeur, voire encore de régler quelques comptes avec un concurrent.

2. **Côté vendeur**, le souci d'atteindre ses objectifs, d'accroître ses gains, de développer une relation fructueuse à long terme avec son client au mépris de la marge à court terme, d'obtenir une reconnaissance de ses dirigeants ou de ses pairs ou enfin de gagner un jeu concours.

Regardons les choses en détail.

Les enjeux des acheteurs

Le besoin de satisfaire l'utilisateur

C'est la mission première de tout acheteur de devoir répondre aux besoins d'approvisionnement de l'entreprise qui l'emploie et de donner satisfaction aux utilisateurs en répondant à leurs attentes, cela aux meilleures conditions possible. Mener à bien cette tâche complexe et atteindre les objectifs assignés apparaît essentiel à tout professionnel. Le besoin de réussite et le sentiment du devoir accompli ne font pas exception chez l'acheteur. En un mot celui-ci fait son travail, le vendeur doit l'accepter sans sourciller.

Obtenir une reconnaissance

C'est la motivation humaine de base. Elle seule suffit à bouger le monde. Une quête du merci qui conduit chacun d'entre nous à rendre des services aux autres, à leur faire des cadeaux, à atteindre des objectifs difficiles, à se battre pour remporter des victoires et cela pour glaner quelques bravos de l'entourage. Chez l'acheteur, ce besoin de reconnaissance est lié au jugement que portera l'entreprise sur l'accomplissement de sa mission. A-t-il amélioré les conditions d'achat, réduit les délais ou amélioré la qualité des produits ou services ? Alors s'ensuit un merci gratifiant des collègues ou une promotion personnelle dans l'échelle de la hiérarchie. C'est pourquoi faire « caler » un acheteur en lui refusant toute concession est privatif pour lui de toute reconnaissance et par là constitutif d'une grande maladresse. Le faire adhérer à votre prix est une ardente obligation.

Augmenter sa tranquillité

Gérer des achats pour le compte d'autrui est source d'interminables tracas. Erreurs de livraison (de quantité ou de références), erreurs d'adressage, casse, retard, défectuosités, spécifications non respectées, factures erronées, etc. sont autant de désagréments qui compliquent le quotidien des acheteurs et augmentent inutilement leur travail. Autant d'arguments commerciaux à faire valoir pour accéder à leurs légitimes aspirations : avoir la paix, achats faits !

Accroître ses marges de manœuvre

Disposer de marges de manœuvre, autrement dit de plus de latitude ou de liberté, est un enjeu fort dans beaucoup de négociations. Deux politiques d'achat apparemment contradictoires peuvent se présenter pour satisfaire cet enjeu. Premièrement, diversifier ses sources d'approvisionnement. L'acheteur renforce ainsi son pouvoir de négociation en diminuant sa dépendance à l'endroit d'un nombre trop restreint de fournisseurs. Mais plus de fournisseurs est synonyme de plus de liberté. À l'inverse une autre politique consiste à réduire l'éparpillement des approvisionnements. Cette option permet à l'acheteur d'accroître le poids de ses achats chez ses fournisseurs et par là, d'amplifier son pouvoir, autrement dit ses marges de manœuvre. Quoi qu'il en soit, si de telles stratégies vous sont opposées, il n'est pas utile de baisser vos prix ou d'améliorer vos conditions de vente, du moins sans contrepartie significative. De telles réponses sont en effet vouées à l'échec. Au mieux serviront-elles de lièvres[1] à l'acheteur pour obtenir de meilleures

1. Voir plus loin chapitre 18 : trucs et astuces du bon négociateur.

offres de la part de vos concurrents. Mettre en lumière cet enjeu « marge de manœuvre » est de nature à éclairer vos décisions quant à la pertinence de vos réponses. Quelques petites questions appropriées suffisent souvent à y voir clair. À titre d'exemple, il est de bon ton de demander aux acheteurs que vous rencontrez : « *En matière de choix des fournisseurs, puis-je savoir quelle est votre politique ?* » ou « *Quels sont vos critères pour les retenir ou les écarter ?* ».

Faire plier le vendeur

Eh oui ! La relation acheteur/vendeur n'est pas exempte de rapports de forces ni d'amour-propre. Face à un acheteur dans cette mouvance, le mieux est de « lâcher » quelques broutilles en rendant un hommage appuyé à sa dureté. Pour le prix de sa fierté, vous pourrez peut-être sauver l'essentiel de votre marge.

Régler quelques comptes avec l'un de vos concurrents

Ah ! esprit de vengeance, quand tu nous tiens ! Si un acheteur souhaite donner une leçon à l'un de vos concurrents prêtez-lui main-forte. Voilà une belle occasion de gratter à votre tour quelques avantages en lui offrant sur un plateau l'instrument des représailles désirées, cela en vendant un peu plus et à de bonnes conditions…

Les enjeux des vendeurs

Les négociations des commerciaux ne sont pas exemptes d'enjeux personnels. En voici quelques-uns :

Le souci d'atteindre ses objectifs

Les vendeurs sont, pour la plupart, soumis à la loi quelque peu tyrannique des objectifs qui leur sont fixés. Pour y sacrifier, ils sont naturellement portés, au cours de leur négociation, à certaines concessions. A *minima*, convenons que ce phénomène limite leur capacité à résister à la pression au cours de tractations difficiles. Les acheteurs avisés savent en jouer. Évaluer où en sont les vendeurs dans la réalisation de leurs objectifs est une information clef qui leur permet parfois de soustraire quelques précieux points de marge ! Alors vous voilà averti. Sachez en toute circonstance vous montrer enchanté quant à la marche de vos affaires…

Accroître ses gains

Soyons clair. L'abandon de quelques points de marge peut quelquefois permettre à un chargé de clientèle de faire une affaire de plus et par cette voie atteindre ses objectifs. Les rémunérations indexées sur les résultats, opérations de stimulations ponctuelles, primes et autres encouragements financiers visant à propulser les ventes, peuvent avoir des effets pervers et entamer le *pricing power* des commerciaux. Ils ne doivent pas créer des enjeux personnels qui inscrivent l'intérêt des forces de vente *a contrario* de ceux de leur entreprise. Les managers doivent rester très vigilants sur ce point. Il est important que le système de motivations et stimulations soit cohérent avec la stratégie de l'entreprise et parfaitement compris par l'équipe commerciale. Les aptitudes à négocier en seront renforcées.

Développer une relation à long terme avec son client

Voici une idée récurrente et chère à beaucoup de chargés de clientèle. À quoi bon conquérir, à grands frais, un client si on ne pérennise pas la relation ainsi créée. Ce thème sur la fidélisation, l'animation et la gestion d'un portefeuille de clients est si important que je lui consacre un livre tout entier[1]. Il n'en demeure pas moins qu'en vertu du bon principe qu'« *un tiens vaut mieux que deux tu l'auras* », la fidélisation ne se traite pas par abandon de marge ! Répondre favorablement aux demandes des acheteurs – qui perçoivent clairement les avantages à tirer de cet enjeu personnel du vendeur – de faire un « effort » pour la première commande est une erreur. Mieux, c'est bien davantage dans la promesse d'une « fleur » sur le prix de la prochaine commande que se trouve le bon levier de fidélisation.

La reconnaissance des managers

Ce qui est vrai pour les acheteurs l'est tout autant pour les commerciaux. S'entendre dire publiquement bravo et *merci* est un des principaux moteurs énergisant les commerciaux. Un enjeu personnel qui rend bien tentant, chez certains, l'octroi d'une petite remise complémentaire affaiblissant d'autant leur *pricing power.*

1. Collection « Méthodes et astuces pour... » *Le Plan d'actions commerciales du vendeur* (Prix du meilleur ouvrage économique 2006), Paris, Éditions d'Organisation, 2006.

Gagner un jeu concours

Que ne ferait-on pas pour un voyage aux Antilles. Surtout si celui-ci, objet d'un jeu concours, a le goût de la gratuité ! Reconnaissons que, pour l'obtention d'une ultime commande qui ouvre droit à un voyage de rêve, bien peu surmontent la tentation de consentir quelques remises supplémentaires… Ici encore l'acheteur expérimenté saura s'enquérir du système d'intéressements mis en place dans votre entreprise et mettre ainsi au jour votre enjeu personnel. Restez sur vos gardes !

Il est probable que, dans de nombreux cas, les enjeux personnels que je viens d'énoncer sont secondaires, rapportés à l'objet principal de votre mission de défense du prix et de la marge. Gageons toutefois qu'ils ne sont pas sans influence sur les résultats des négociations que vous menez. Si les dissimuler à l'acheteur est la règle n° 1, les avoir en tête au cours de vos pourparlers n'est pas sans intérêt. De mauvais arbitrages peuvent quelquefois s'opérer, au regard des seuls avantages personnels que peut retirer un vendeur de ces tractations commerciales ; cela au détriment des intérêts de son entreprise. C'est pourquoi conserver ceci à l'esprit durant vos transactions vous évitera un déplorable abandon de conditions, ici pour obtenir une commande ou là pour atteindre votre objectif de chiffre d'affaires… ou encore pour remporter le jeu concours du moment ! En revanche, la perception des enjeux de vos interlocuteurs vous apportera quelques arguments. Faire valoir à un acheteur, par exemple, que les utilisateurs pour lesquels il œuvre le remercieront, qu'il a fait le bon choix ou encore que ses tâches quotidiennes seront allégées, constituent des arguments dont l'impact sur les décisions est parfois non négligeable.

Deuxième partie

Préparez vos négociations commerciales pour renforcer votre *pricing power*

Il en va d'une négociation comme d'une compétition sportive. Une négociation se gagne ou se perd à l'occasion de sa préparation. Afin d'entrer dans la phase active de la tractation avec un maximum d'atouts en main, il faut s'y préparer activement. Réside là une des clefs de l'intensification de votre *pricing power*. C'est l'objet de la deuxième partie de ce livre.

En quoi consiste cette préparation ? Il s'agit simplement d'accumuler un certain nombre d'outils, d'arguments ou de raisonnements préalablement à toute négociation, cela afin d'anticiper les attaques, trouver les parades et réponses efficaces qui vont permettre de négocier au mieux les intérêts de son entreprise, tels que :

1. Disposer d'un argumentaire performant du prix pratiqué.
2. Savoir justifier les écarts de prix avec la concurrence.
3. Avoir clarifié ses aspirations et défini une fourchette d'accords possibles avec l'acheteur.
4. Établir sa balance d'échanges des concessions possibles et de leurs contreparties.
5. Évaluer les rapports de forces et juger des pouvoirs respectifs acheteur/vendeur.

Chacun de ces points va faire l'objet des chapitres qui suivent.

Chapitre 4

Mettez au point votre argumentaire prix

Le prix d'achat des choses est la contrepartie des bénéfices que l'on en retire. Intégrer cette lapalissade est de la plus haute importance à qui veut argumenter convenablement un prix. Prix et bénéfices sont les deux faces d'une même pièce. Nos clients voient, côté pile, la sortie d'argent. Il appartient à nous autres commerciaux de présenter l'autre face. Celle de la recette : le bénéfice client !

Dans le légitime souci de protéger son capital et d'optimiser au mieux l'emploi de son budget, le futur acquéreur d'un bien ou d'un service trouve souvent excessif le prix qui lui est proposé. Toute acquisition se fait en effet au détriment d'une autre acquisition. En ce sens, tout bien ou service est concurrent de tous les autres biens ou services. Sous cet aspect, acheter est éminemment frustrant. Ajoutons dans le même ordre d'idées que toute sortie d'argent constitue une perte de liberté. Perte de la liberté d'acquérir ce que bon lui semble. Il n'est pas étonnant dès lors que les personnes qui achètent trouvent souvent trop cher ce qui leur est proposé. Demander une remise est de bonne guerre, et bien naïf serait celui qui avouerait à son fournisseur que ce qu'il propose est vraiment trop bon marché !

C'est dans ce contexte socioculturel et psychologique que l'argumentation du prix doit se comprendre. Il est compréhensible qu'un client veuille réduire au maximum sa sortie d'argent et qu'il mette en avant la cherté de ce que nous lui proposons. De cette observation découle un certain nombre de principes ou de règles pour argumenter convenablement le prix de vos biens ou services.

Nous allons les passer en revue, remettant au chapitre 11 l'exposé des méthodes et astuces pour répondre à l'objection « *C'est trop cher !* ».

Présentez le prix comme la contrepartie des avantages et bénéfices de votre produit

S'il est normal que vos clients rechignent à payer, il est en revanche anormal que vous les encouragiez. Ce que vous faites dans de nombreuses circonstances et tout particulièrement quand vous discutez du prix ou coût des choses, au lieu de centrer votre propos sur les avantages et bénéfices que rapporte leur projet d'acquisition. Je vais vous donner un bon conseil. À un prospect qui souhaite connaître le prix de ce que vous lui proposez, demandez-lui d'abord si c'est sa seule et unique préoccupation. Il est peu d'interlocuteurs qui répondent à cette question par l'affirmative. La plupart reconnaît que non. Alors vous serez en position de développer en quoi votre produit peut lui être utile.

À vous de faire découvrir le côté face de la pièce : la recette. Une recette faite de tout ce que va leur apporter, procurer, leur acquisition. N'hésitez pas à leur répondre, quand ils vous questionnent sur le prix, que celui-ci est très avantageux au regard de tout ce qu'il procure ou offre.

Bannissez de vos propos les termes de *coût, dépense et prix* qui génèrent des réactions légitimes de défense chez tout individu. Ce sont des mots noirs qui sous-entendent une perte de substance ou une diminution de pouvoir d'achat à venir. Ce sont des expressions utilisées par les clients pour cultiver leurs réticences. Les prononcer renforce inutilement la résistance à payer et de là à se décider. Pour intensifier votre *pricing power*, choisissez l'emploi de mots plus agréables à l'oreille tels que ceux d'*économie*, de *valeur* ou d'*investissement*. Ainsi plutôt que dire « *Cet ordinateur vous coûte 1 580 euros* » préférez la formule suivante : « *Il vous faut investir 1 580 euros pour disposer d'un ordinateur qui va vous donner satisfaction, vous permettre de bénéficier des dernières technologies multimédia et qui soit en tout point* up to date ! *Convenez que c'est très avantageux.* »

Vos clients doivent dépenser de l'argent pour accéder aux bénéfices de vos produits et solutions. Alors parlez-leur de bénéfices et non de dépenses !

Mettez vos prix en perspective

Les sorties d'argent se comptent en euros, en dollars ou en tout autre monnaie. En revanche les bénéfices que vos produits apportent à vos clients sont aussi bien évalués en espèces sonnantes et trébuchantes qu'en gain de temps, obtention d'une reconnaissance, faire-valoir, accroissement de leur confort ou de leur sécurité ou tranquillité… Quand l'argent est ainsi mis en balance avec le confort ou un gain de temps, les équivalences ne sont pas aisées à trouver sur des échelles de valeurs qui ne sont pas les mêmes. *Mettre vos prix en perspective* est une méthode qui permet de résoudre ce problème en rapportant le prix à une troisième grandeur.

Par exemple, notre cabinet collabore avec de nombreux services commerciaux de France Télécom. Le prix de l'abonnement est décrié comme excessif par certains clients. En vérité, moins de 15 euros pour la multitude de services gratuits et avantageux qui s'y rattachent est un prix bien modeste. Pour le faire admettre, il est plus aisé de mettre en perspective ce prix de l'abonnement et de dire : « *Si vous êtes fumeur, sachez que tous les avantages de votre abonnement vous sont donnés pour moins de trois cigarettes par jour !* » ou, si vous préférez « *Les avantages de l'abonnement vous sont acquis pour l'équivalent d'une demi-baguette de pain par jour !* ».

Les possibilités de mise en perspective sont nombreuses. Voici les principales.

- **La technique du prix fractionné.** Elle consiste à ramener votre prix total à un prix par période (journée, semaine ou mois). Ainsi, un équipement de bureau pourra être mis à disposition d'un client pour 11 euros par jour.
- **Le retour sur investissement.** Il s'agit du temps nécessaire pour que le bénéfice dégagé par une acquisition permette l'amortissement de cette acquisition. C'est là un excellent procédé pour mettre en perspective un prix. Par exemple, un appareil ménager dont le montant est de 1 000 euros et dont l'usage autorise une économie mensuelle de 200 euros sera amorti par son acquéreur en seulement cinq mois. Passé ce délai il devient bénéficiaire. Les acquéreurs d'un bien ou d'un service sont si sensibles à cet argument qu'ils l'empruntent spontanément afin de persuader leurs amis et démontrer le bien-fondé d'un achat qu'ils viennent d'effectuer : « *Je l'aurai payé en moins de six mois* », disent-ils.
- **La durée de vie du produit.** La mise en perspective peut être effectuée en utilisant la durée de vie du produit convoité.

C'est ce que vous faites naturellement quand vous dites à un client que dans dix ans il utilisera toujours et encore l'appareil que vous lui suggérez d'acquérir !

- **Le rapport à une troisième grandeur.** « *30 € pour un abonnement à Internet. Vous qui hésitez pour souscrire un accès continu à haut débit à Internet, sachez que c'est le prix de 6 ou 7 cigarettes par jour !* » Ici la troisième grandeur est le prix de quelques cigarettes. Lui sont rapportées les deux autres grandeurs en cause : 30 € et l'abonnement au haut débit.
- **Les intérêts accessoires ou complémentaires.** Ici, c'est la tactique de *Monsieur Plus*. Elle consiste à faire valoir des plus, autrement dit des attributs accessoires et pourtant bien réels. Il s'agit par exemple de montrer des bénéfices supplémentaires ou des usages autres que ceux initialement envisagés par le client. C'est la formule du « *et en plus…* ». Exemple : « *Et en plus avec l'Internet à haut débit vous pouvez recevoir la télévision numérique.* »

Notons que les méthodes ci-dessus énoncées peuvent être mises en œuvre de manière croisée. La mise en perspective de vos prix peut en effet être associée efficacement à une mise en valeur des bénéfices offerts par vos produits ou solutions. Par exemple un chirurgien-dentiste sera sensible au gain de temps offert par un équipement plus performant, ce qui lui donnera la possibilité de soigner un ou deux patients supplémentaires chaque jour, soit un gain de *x* euros quotidiennement (argument du retour sur investissement). En outre la modernisation apparente de son cabinet véhiculera une meilleure image (la modernité), une confiance plus grande de ses patients (faire-valoir) ainsi que des compliments (la reconnaissance). Tout ceci vaut bien quelques milliers d'euros d'investissement…

Globalisez l'énoncé de vos prix

En matière de vente de prix, le bon réflexe est de ne jamais en parler isolément. Entraînez-vous à annoncer le prix de vos produits globalement, en énonçant l'ensemble des biens et services que comprend votre prix : contrat de service, garantie de deux ans, installation, aide en ligne des utilisateurs, etc. À dire vrai, votre produit est un ensemble. Par exemple, ne dites pas : « *Cette imprimante coûte 300 euros.* » Dites de préférence : « *Cette imprimante a une valeur de 300 euros, livrée avec son driver, sa notice d'utilisation, une garantie d'un an sur site, extensible à trois ans, ainsi qu'un service d'assistance* on line. *Votre investissement comporte en outre, sans supplément de prix, une cartouche d'encre et le cordon de raccordement à votre ordinateur. Pour ce montant, franchement, c'est une belle opportunité.* »

Eh oui ! « balancer » un prix sèchement n'incite pas les clients à la dépense. Un petit effort de présentation suffit souvent à faire passer l'amère pilule du prix.

Application à votre entreprise

Préparez-vous à argumenter vos prix, vous prendrez ainsi une longueur d'avance sur vos interlocuteurs. Réfléchissez avec quels produits d'usage courant vous pouvez mettre en perspective le prix de vos produits. De même, recherchez comment mettre en valeur les bénéfices offerts par vos produits. Pour cet exercice, vous pouvez avantageusement utiliser le tableau ci-après :

Comment mettre avantageusement en perspective le prix de vos produits et mettre en valeur leurs bénéfices ?

Prix de vos produits	Mise en perspective avec des produits d'usage courant	Mise en valeur des bénéfices offerts par vos produits

Chapitre 5

Mettez au jour le produit subliminal qui justifie vos écarts de prix

Argumenter convenablement son prix ne suffit quelquefois pas à entraîner l'adhésion de certains clients. Ceux-ci peuvent avoir en main des propositions concurrentes à peu près équivalentes, qui font apparaître une différence de prix. Le chemin qu'il reste à parcourir est encore long. Il passe désormais par la nécessité de justifier l'écart de prix. Voyons comment procéder.

En matière de justification d'écarts de prix, deux cas de figure, comme chacun sait, se présentent. Nos produits peuvent être plus chers que celui de nos concurrents ou l'être moins. Contrairement à ce que beaucoup pensent, il est tout aussi délicat et important de justifier un écart de prix, comparé à l'environnement concurrentiel, que cela soit en plus ou en moins. En revanche les méthodes à suivre ne sont pas les mêmes. Nous examinerons celles-ci tour à tour.

Si votre produit est plus cher que celui d'un concurrent

À la recherche d'une petite imprimante laser de bureau, je m'apprêtais à jeter mon dévolu sur un nouveau modèle commercialisé par HP au prix de 650 euros. Celui-ci, incluait, outre des performances flatteuses, quelques options complémentaires, tels que fax, répondeur, photocopieur, etc., qui le rendaient attractif. Une commerciale entreprit de me proposer un modèle de sa société. Je mis en avant d'entrée de jeu le prix de son concurrent HP. Elle avança en retour le sien ; pas moins de 25 000 euros ! Lui faisant part de mon étonnement, elle eut la mauvaise réaction de me faire valoir qu'il s'agissait là d'un produit différent et pas comparable. En l'espèce, sa réponse était inadaptée et impropre à entraîner mon accord. Seules la justification de l'écart de prix et son argumentation eurent été en la circonstance appropriées. Bien souvent les commerciaux se contentent d'affirmer que le matériel qu'ils proposent est très supérieur ou qu'il est différent. Ils ne songent pas à apporter l'ombre d'une justification de l'écart de prix entre ce qu'ils proposent et les matériels concurrents. En bref, ce que j'attendais d'elle, c'était des explications simples et claires qui justifiaient ce qu'elle entendait me livrer pour 24 350 euros de plus !

Pour justifier un écart de prix, comparez les produits

Si votre produit est plus cher, ne dites pas qu'il est différent. Comparez-le simplement.

À l'occasion d'un séminaire que j'animais sur les techniques de vente du prix et des conditions, le chef des ventes régionales des portes électriques Schindler me fit part des difficultés qu'il éprouvait pour faire admettre le prix à ses prospects. De prime abord la situation semblait difficile : il proposait à ceux-ci de leur monter pour 6 400 euros, une porte automatique que ses concurrents vendaient 5 400 euros. Je lui fis observer que vendre 1 000 euros de plus une porte qui n'en valait que 5 400 manquait d'intégrité… Il bondit et me rétorqua que la qualité du montage de ses portes éliminait la quasi-totalité des sources de pannes ; ce qui n'était pas le cas de ses concurrents. Nous y étions ! Schindler vendait donc deux produits à ses clients. Le premier était une porte automatique électrique pour le prix de 5 400 euros. Le second, indissociable du premier mais pourtant bien réel, était un montage dont la qualité et le sérieux garantissaient à l'usager un taux de pannes voisin de zéro. Quand on sait les désagréments causés par une porte en panne, on comprend mieux l'intérêt de payer un montage de qualité pour la somme de 1 000 euros ! J'appelle cela le *produit subliminal*.

Mettez au jour le produit subliminal

Vous connaissez peut-être la publicité subliminale. Il s'agit d'une image publicitaire intégrée en 25e position dans un film qui, en temps ordinaire, n'en déroule que 24 par seconde. Ainsi, l'image est perçue par le spectateur mais il n'en a pas conscience. J'appelle *produit subliminal*, le produit qui, comme la publicité, est effectivement perçu par le prospect mais dont il n'a pas ou ne veut pas avoir conscience. Le produit subliminal, pour les portes automatiques Schindler, c'est la qualité du montage réduisant le risque de panne. Il est comme l'air. On le respire à chaque instant sans y songer. On prend conscience de son absolue nécessité quand il vient à nous faire, si peu soit-il, défaut ! Le jour où votre porte tombe en panne, alors vous comprenez l'intérêt d'un montage de qualité qui garantit son bon fonctionnement.

Les produits subliminaux sont légion. Par exemple, j'ai eu le grand plaisir d'avoir en séminaire l'équipe de vente de Den Braven, leader mondial dans le domaine du mastic d'étanchéité. Ce fut l'occasion de mettre au jour un produit subliminal intéressant.

Un modèle de cartouche se vendait mal. Son prix de revient, et partant de vente, était grevé par l'ajout de deux molécules. L'une permettait de doubler le délai de péremption et de le faire passer de douze à vingt-quatre mois. L'autre se substituait à l'emploi d'une molécule moins coûteuse, mais aux risques cancérigènes possibles. Il s'ensuivait que la cartouche en question était vendue 2,2 euros contre 2 euros pour sa concurrente. Bien évidemment, les clients qui achetaient ces cartouches percevaient ces produits subliminaux mais n'en avaient pas conscience. Cela au point que certains leur préféraient le mastic concurrent.

Bâtissez l'argumentaire de votre produit subliminal[1]

Quand un client vous fait reproche d'être plus cher, ne lui dites pas que votre produit n'est pas comparable ou qu'il est incomparablement supérieur. Bien au contraire comparez-le ! C'est un point de passage obligé. Parlez-lui du produit subliminal qu'il va percevoir en achetant et dont il n'a pas encore conscience. L'acceptation de ce produit par votre interlocuteur est incontournable puisqu'il est indissociable du produit de base que vous livrez. Dans la mesure où votre tarification ne lui en fait pas cadeau, vous devez vous résoudre à le lui vendre. À défaut, rien de bien étonnant qu'il vous trouve trop cher.

✓ Pour cela procédez en trois étapes

1re étape : Dégagez les caractéristiques de votre produit subliminal. Comment ? Dites-lui simplement que vous trouvez légitime de sa part son interrogation concernant la différence

1. Sur les techniques argumentaires, le lecteur peut utilement se reporter à mon livre, *Faire signer ses clients*, Paris, Éditions d'Organisation, 2007.

de prix. C'est une invitation à lui faire objectiver le produit subliminal associé à votre produit. S'agissant de l'exemple des cartouches ci-dessus nous pourrions lui dire : « *Je comprends bien. Vous vous demandez ce que je vous livre pour 20 centimes, n'est-ce pas ? Eh bien, nous avons fait le choix d'incorporer à notre mastic deux molécules originales [...]* »

2e étape : Déduisez les avantages, les plus, que procure, permet ou offre la ou les caractéristiques de votre produit subliminal. Pour nos cartouches, nous ferions valoir que la première molécule allonge de douze mois le délai de péremption et la seconde évite de faire courir un risque de cancer à l'utilisateur.

3e étape : Soulignez alors les bénéfices que ces avantages, ou ces plus, rapportent à votre interlocuteur ou à son entreprise. Dans notre exemple de cartouches, allonger de douze mois le délai de péremption de celles-ci, c'est procurer aux entrepreneurs du secteur du bâtiment deux bénéfices : 1) Pouvoir les acquérir en plus grande quantité autorise un meilleur prix d'achat. 2) Un plus long délai de péremption limite la perte de produit trop longtemps conservé en stock et facilite la gestion de ce dernier.

Quant à l'avantage de réduction du risque cancérigène, il offre de nombreux bénéfices aux entreprises et à leurs salariés. Outre la santé et les bénéfices moraux ou éthiques évidents, il élimine les risques de mise en cause de la responsabilité civile, voire pénale, de l'employeur, comme cela a pu être le cas avec l'amiante. Au regard de tels bénéfices, accepter de payer 20 centimes de plus est ridiculement faible. Encore faut-il, pour le faire admettre, avoir pris la peine de « désosser » le produit subliminal pour mieux le vendre.

En résumé, dégager et vendre le produit subliminal, c'est l'élégante et incontournable manière de justifier un prix plus élevé. La vérité est que nous avons deux produits à vendre. Le produit de base et le produit subliminal. Faire l'impasse sur l'argumentation et la vente du second conduit à l'impossibilité de vendre l'ensemble !

Le concept du produit subliminal est si important pour nous permettre d'expliquer et de justifier un écart de prix, qu'on ne saurait en parler convenablement sans s'y être préparé. C'est pourquoi au cours des séminaires organisés par Forventor, nous nous attachons à décortiquer les produits subliminaux attachés aux produits que les équipes participantes ont à vendre. Il en ressort des tableaux dans lesquels sont explicités les caractéristiques du produit subliminal, les avantages et plus qu'elles procurent et les bénéfices que cela rapporte à son acquéreur ou utilisateur. Je vous invite à faire de même :

Application à votre entreprise

En vous aidant du tableau ci-après, déclinez les caractéristiques de vos produits subliminaux en avantages et bénéfices pour vos clients. Vous y puiserez une mine d'arguments insoupçonnables pour justifier et faire admettre les écarts de prix par vos clients.

Dans la pratique, comment justifier avantageusement les écarts de prix par rapport aux offres concurrentes ?		
Écart de prix/condition Caractéristiques le justifiant	Quels en sont les avantages ou plus techniques ?	Bénéfices retirés par le client ou l'utilisateur

Si votre produit est moins cher que celui d'un concurrent

Vous avez peut-être déjà senti une inquiétude poindre chez vos interlocuteurs, lorsque vous leur proposez un article ou un service à un prix inférieur à celui pratiqué par vos concurrents. Ce phénomène est la preuve tangible que le produit subliminal est une réalité parfaitement perçue par nos clients et peut-être pas aussi inconsciemment qu'il n'y paraît de prime abord. Un produit ou une caractéristique subliminale ne ferait-il pas défaut ? À dire vrai, les acheteurs sont prompts à se demander si quelque chose ne fait pas défaut dans notre offre et à s'enquérir de la raison pour laquelle nous sommes moins chers.

Tenez-vous prêt à donner les raisons de votre compétitivité

Dans nos cultures *latino-chrétiennes*, les vendeurs sont souvent perçus comme des profiteurs. Plus cher, c'est presque normal ; moins, c'est probablement qu'il manque quelque chose. En découle l'impérieuse nécessité d'être en mesure de justifier que si nous sommes moins cher, ce n'est pas parce qu'il manque quelques produits ou caractéristiques subliminaux, incorporés par nos concurrents. C'est bien davantage en raison de nos volumes, de la qualité de notre organisation, de la modernité de nos moyens de production ou de toutes autres raisons dont l'absence nourrirait le doute.

Argumentez le bénéfice que peut en retirer votre client

De quelle façon ? Tout simplement en valorisant l'économie faite. Quelques achats de biens ou services rendus possibles par le simple jeu de l'économie réalisée. Ainsi, plutôt que de dire : « *Vous économisez 1 000 euros* », dites de préférence (en situation de B to C) : « *Avec cette économie, vous pourrez vous offrir une semaine à Venise ou un caméscope ou tout autre chose qui vous fera plaisir…* » et en situation de B to B, sachez dire : « *Avec l'économie que vous réalisez sur votre budget vous allez pouvoir investir dans (ceci ou cela) sans débourser un seul centime.* »

Chapitre 6

Clarifiez vos aspirations et définissez une fourchette d'accords possibles

Pourquoi définir des objectifs avant toute négociation ?

De célèbres expériences, menées par des psychologues américains, vont nous apporter la réponse.

Cent athlètes furent sélectionnés sur le seul critère de leur capacité prouvée à sauter 2 mètres en hauteur. Les concepteurs de l'expérience procédèrent à la vérification de leur aptitude à franchir une barre placée à 2 mètres. Cette vérification faite, il fut demandé aux athlètes de sauter le plus haut possible et, dans la mesure de leur capacité, au-delà de 2 mètres. Leur saut était réalisé cette fois en l'absence de toute barre, et mesuré à l'aide d'un faisceau optique. Le résultat fut éloquent : la moyenne fut de 1,6 mètre ! *No comment.*

Une autre expérience, plus intéressante encore, fut réalisée aux États-Unis (décidément ces Américains !). Cette fois, les psychologues eurent recours à des joueurs de basket. Ils n'en réunirent pas moins de 90 et leur demandèrent de tenter, à une distance de 7 mètres, des tirs au panier. Le score moyen de réussite fut de 39 % pour les 90 joueurs. Puis ils séparèrent les basketteurs et les répartirent aléatoirement en 3 groupes. Au premier groupe, ils demandèrent un entraînement de tirs au panier durant une heure chaque jour pendant un mois. Le deuxième groupe fut privé de jeu durant le même mois. Les joueurs du troisième groupe furent astreints à s'entraîner mentalement. Cela consistait à devoir s'imaginer tirer des paniers, à une distance de 6 mètres et cela en l'absence de tout ballon. Un mois plus tard, il fut demandé à chaque équipe de nouveau de se livrer à l'expérience de tirs au panier. Les résultats, hallucinants, dépassèrent les pronostics des psychologues. Le premier groupe, qui s'était entraîné, eut un score de 40 %. Le deuxième, privé d'entraînement, régressa à 36 %. Le dernier enfin, mentalement rompu à marquer des paniers, fit passer le taux moyen de réussite de ses membres à 42 % ! C'est dire que non seulement l'entraînement augmente le potentiel de succès, mais que la part du mental dans cet entraînement est le meilleur vecteur de progrès.

Pour autant, le propre d'un objectif est d'être manié comme une ARME[1].

- Un A, comme Ambitieux
- Un R, comme Raisonnable
- Un M comme Mesurable
- Un E comme Échéancier

1. La culture est ce qui reste, dit le philosophe, quand on a tout oublié. Que le consultant ou l'auteur qui a mis au point ce moyen mnémotechnique me pardonne l'oubli de son nom.

A comme AMBITIEUX

Faites en sorte que vos aspirations et fourchettes d'accords soient ambitieuses. Le jeu en vaut la chandelle, nous l'avons vu, c'est de marge dont il s'agit.

R comme RAISONNABLE

Ambitieux ne signifie pas démesuré. Sachez décliner vos aspirations et fourchettes d'accords de façon à ce qu'elles soient acceptables par l'autre partie. Ambitieux et raisonnable, c'est faire en sorte que la corde soit bien tendue mais ne casse pas !

M comme MESURABLE

En clair, un objectif doit être quantifié ou, pour le moins, le résultat qui le sous-tend doit être tangible et évaluable. La mesure du résultat de la négociation et de son écart par rapport à l'objectif initial est indispensable à son appréciation. C'est cette mesure qui donne de la saveur à la négociation et permet le progrès, cela à l'image du score d'un jeu sans lequel il n'y aurait pas de piment ni d'envie de se surpasser.

E comme ÉCHÉANCIER

Une date, un délai d'obtention, une période d'accomplissement de l'accord sont des précisions aussi élémentaires qu'indispensables. Sans cela, tout n'est que vague promesse.

Vous aurez ainsi, avec le système ARME, défini ce que vous voulez idéalement obtenir comme prix, délai, part de marché, type de produits, date de commencement et pourquoi pas période minimale.

Concevez votre proposition initiale

Cette proposition doit être claire, détaillée et très précise. Elle doit devancer dans les moindres détails les interrogations de l'interlocuteur.

Pour limiter les revendications et prendre ainsi un bon départ, il faut avoir des exigences initiales élevées. Nous y reviendrons. Contentons-nous ici d'observer que l'espace de liberté du vendeur est de disposer d'os à donner à ronger à son interlocuteur. Pouvoir avancer des prix élevés, des conditions de paiement draconiennes, des quantités minimales importantes, un seuil de franco conséquent, un conditionnement corsé, etc. c'est autant de marge de manœuvre, de lest à lâcher et de chance d'aboutir dans des conditions finalement favorables.

Bien évidemment cette proposition initiale, pour élevée qu'elle soit, doit être plausible du point de vue du client. Sinon gare ! J'ai mémoire d'un commercial qui a perdu ainsi toute crédibilité aux yeux d'un de ses clients. Comment ? Tout simplement après avoir présenté une première offre – pour un objet publicitaire destiné à être distribué à des dizaines de milliers d'exemplaires – il a consenti, ensuite, à réduire celle-ci de plus de 50 % pour l'aligner sur celle d'un concurrent à l'appétit plus mesuré... On imagine sans difficulté que c'est ce dernier qui l'emporta.

Déterminez les points qui sont négociables et ceux qui ne le sont pas

Un bon négociateur doit avant toute chose commencer par savoir quelles sont les limites de l'acceptable et celles de l'inacceptable. Un vendeur ne peut convenablement négocier pour le compte de son mandant sans connaître ces limites.

Arrêtez votre position minimale

Il s'agit du plancher en dessous duquel vous ne traiterez pas.

Les acheteurs sont entraînés à la négociation, autant, si ce n'est davantage, que nous autres commerciaux le sommes. S'ensuit de leur part une capacité à fixer une position d'ouverture très basse. Des tarifs ou conditions fantaisistes, des remises imaginaires prétendument obtenues auprès d'un de nos concurrents qu'ils se refusent bien évidemment à nommer, pourraient, si nous n'y prenons pas garde, nous conduire à donner notre accord à des conditions excessivement faibles voire mauvaises. Arrêter une position minimale en deçà de laquelle vous ne descendrez pas est le parachute de sauvetage indispensable. À défaut le vendeur est immanquablement entraîné à vendre à perte.

Dans la pratique, comment s'établissent vos niveaux d'aspiration et votre fourchette d'accords possibles ?

Points susceptibles d'être négociés	Mes priorités	Aspirations idéales	Proposition d'ouverture	Minimum acceptable

Chapitre 7

Établissez votre balance d'échanges

Une négociation suppose un échange

Ne donnez rien sans rien

En ne donnant rien sans rien et en exigeant quelque chose en retour des concessions demandées, n'est-ce pas là l'élégante façon de bien valoriser vos offres ? Force est de reconnaître que toutes les fois où l'on va consentir une concession sans solliciter une contrepartie, c'est avouer à demi-mot que le produit que nous proposons n'est pas aux conditions du marché. C'est aussi reconnaître éprouver quelques difficultés à le vendre. En ce sens, exiger une contrepartie est l'élégant moyen pour se faire respecter et mettre en valeur ce que l'on propose. Ajoutons que faire écho à toutes les demandes par une contrepartie limite les exigences de l'interlocuteur au strict nécessaire.

Sacrifiant aux moindres demandes de son client, le vendeur gaspille ses moyens d'actions. Tout avantage consenti l'est en raison de l'espoir d'obtenir quelque chose en retour. C'est pourquoi l'essaimage de son capital de concessions, sans contrepartie, dilapide le moyen unique dont dispose le commercial de parvenir à l'objectif visé : signer aux conditions prévues dans la fourchette d'accords possibles.

Concéder unilatéralement est mauvais. Observons, tout d'abord, qu'il est porteur d'angoisse pour un demandeur, que de ne connaître aucune borne ni limite en réponse à ses demandes. Nous l'avons vu, l'inquiétude de l'acheteur est d'être sûr qu'il achète toujours au meilleur prix et dans les meilleures conditions. En cette matière, n'y a-t-il pire chose que de rencontrer un confrère, un ami, qui a su négocier de meilleures conditions ? Au fond, l'un des ressorts des exigences de nos clients se trouve résider dans le simple désir de n'être pas floué. En ce sens, le « donnant-donnant » contribue largement à rassurer.

Sans contrepartie une concession n'est pas bonne. S'il suffisait en effet de demander pour obtenir, ce que l'on obtient serait sans sel ni valeur. Le ressenti de votre client ne sera pas le même selon que vous lui accordez spontanément 10 % de remise à la première injonction ou si au contraire vous lui objectez pouvoir lui faire 10 % dans la seule mesure où il augmente lui-même les quantités prévues à sa commande.

Prenez plaisir à dire non

Sylvain Floirat, célèbre patron fondateur de Matra et d'Europe 1, se plaisait à dire : « *Le pouvoir, c'est la capacité de dire non.* » Il est bien certain que dire *oui* ne nécessite aucune puissance. La concession est au *oui* ce que le pouvoir est au *non*. Ceci explique pourquoi la répartition des pouvoirs entre vendeurs et acheteurs est inégale. Dans la mesure où il gère un budget qui n'est pas extensible à l'infini, le *non* appartient de fait à l'acheteur. Le vendeur est demandeur et le *oui* est ce qu'il désire. En restaurant sa capacité à dire « non » ou « oui, mais », le vendeur récupère quelque pouvoir. N'est-ce pas quand le client devient demandeur d'une faveur, d'un avantage, d'une remise, d'une condition exceptionnelle, qu'il offre au fournisseur l'occasion de dire *non*, autrement dit de faire valoir à son tour quelque droit ? Alors, prenez votre temps, réfléchissez. Faites toucher du doigt à votre interlocuteur la réalité des choses. Dégustez ce délicieux moment au cours duquel votre client est, à son tour, demandeur[1]. Belle occasion de lui faire sentir que le pouvoir est partagé. Sous cet aspect observons que cette dialectique du pouvoir acheteur-vendeur peut s'exprimer au travers de la dialectique du *oui* et du *non*. Observons que l'objectif du vendeur est de faire tomber un à un tous les « non » de son client pour obtenir enfin un *oui*. À l'opposé, la problématique de l'acheteur est de s'assurer que le vendeur n'a plus aucun *oui* en réserve. Il accède à cette certitude quand il commence à entendre des « non ». Le vendeur a fait son coup d'État.

Que demander en échange de vos concessions ?

Pour répondre à cette question, encore faut-il savoir évaluer vos concessions. Or une concession peut s'évaluer de trois manières : en fonction de ce qu'elle coûte, en fonction de ce qu'elle rapporte en retour à celui qui la fait, mais aussi en fonction de ce qu'elle rapporte à celui qui la reçoit.

En fonction de ce qu'elle coûte : ici, il s'agit de mesurer l'impact de la concession sur la marge. Nous avons vu ce qu'il en était concernant les volumes, les délais de paiement, les cadeaux sur frais accessoires ainsi que les différents porte-clefs, objets des ultimes grappillages. Cet impact se calcule en euros ou en part de marge que cette concession ampute.

1. Philippe Korda dans son livre *Défendre ses marges* paru chez Dunod parle de la minute du pouvoir du vendeur.

En fonction de ce qu'elle rapporte en échange, à celui qui la fait : il faut bien admettre qu'une concession rapporte bien peu de chose au vendeur. Bien peu de respect de la part de ses clients, quelques réprimandes de ses dirigeants, la demande de nouvelles concessions récurrentes et de toute évidence une dégradation de ses résultats personnels. S'il est une chose que rapporte ce genre d'abandon, c'est bien la contrepartie qui sera obtenue en échange. Ce rapport sera positif si cette contrepartie est d'une valeur supérieure à la concession faite.

En fonction de ce qu'elle rapporte à celui qui la reçoit : cette approche est techniquement plus intéressante que les précédentes. Il s'agit ici de calculer et valoriser précisément l'avantage exact que retire l'interlocuteur. L'intérêt de cette pratique est de conduire le commercial à évaluer, dans le langage propre à son client, le bénéfice que celui-ci retire de la concession demandée. Prenons l'exemple d'une imprimante à jet d'encre d'une valeur de 700 euros. L'abandon d'un lot de consommables de 70 euros peut être avantageusement rapporté soit à la valeur de la machine (10 % de remise), soit au nombre de mois d'utilisation gratuits (par exemple six mois). 10 % de remise ou six mois d'utilisation gratuits sont souvent mieux valorisés dans l'esprit du consommateur que 700 euros. On retrouve ici la technique de la mise en perspective du prix et celle de la mise en valeur du bénéfice (ici un lot de consommables).

Vous trouverez ci-après un exemple de balance de concessions pour un grossiste en papeterie.

En vous inspirant de cet exemple, afin de gérer au plus près vos concessions et leurs contreparties souhaitables, vous allez tenter d'établir l'échelle *concessions/contreparties* concernant votre métier.

Dans votre métier,
quelles contreparties demander en échange de concessions ?

Concession demandée par mon client	Coût pour moi	Valeur pour lui	La contrepartie à obtenir en échange	Coût pour lui	Valeur pour moi

Chapitre 8

Évaluez les rapports de forces et jaugez les pouvoirs respectifs

Différenciez le pouvoir perçu du pouvoir réel

Le pouvoir perçu

La première fois qu'un jeune vendeur entre chez un client, il est souvent impressionné. Derrière son bureau, cette *imago* toute puissante le terrorise. Il touche du doigt, pour la première fois, ce que tout commercial perçoit chez tout client : un rapport de forces. Rapport dont l'appréciation est totalement subjective. Est-il souriant ou non, son bureau est-il immense ou tout petit, semble-t-il accommodant ou pas ? Le pouvoir du client est comme la partie apparente de l'iceberg. Le bon acheteur sait en jouer, ce qu'il fait quand il cache son besoin pressant d'un matériel ou l'absence de consultation d'un concurrent ou encore sa décision de commander… Le pouvoir perçu par autrui est celui que laisse apparaître le joueur de poker quand il dit « servi » ! Et pour certains vendeurs, seul compte, à tort, **le pouvoir perçu**.

Le pouvoir réel

Le commercial expérimenté s'intéresse, quant à lui, davantage au pouvoir réel de son client. C'est ce pouvoir, à l'assaut duquel il va se lancer et se mesurer, qu'il va devoir cerner et apprécier à sa juste force pour le circonvenir. Le pouvoir réel de chacun, c'est au fond l'espace de liberté dont l'un et l'autre disposent pour négocier, manœuvrer, c'est-à-dire modifier les positions, faire des concessions ou obtenir des concessions, ou enfin décider, c'est-à-dire opter pour le oui ou le non. À ce jeu, force est de reconnaître que le pouvoir de l'un est totalement inversement proportionnel au pouvoir de l'autre. Plus le pouvoir d'un client sera grand, plus sera dépendant le vendeur et réduites ses marges de négociation et ses possibilités de choix. Moins au contraire le client sera doté de pouvoir, plus grande sera la capacité du commercial à manœuvrer. De là l'intérêt de mesurer le pouvoir réel de votre interlocuteur. Le définir, c'est définir votre propre liberté d'agir.

De quoi se compose le pouvoir réel d'un client ?

Pour être en mesure d'apprécier et de circonvenir le pouvoir d'un client, encore faut-il savoir de quoi il se compose. Nous retiendrons trois facteurs objectivables et aisément évaluables. Ils sont :

- **Le poids relatif** au sein du portefeuille (comparativement aux autres).
- Le pouvoir que lui donnent les circonstances, que nous appellerons **le pouvoir circonstanciel**.
- **Les espaces de liberté** proprement dits dont il dispose.

Le poids relatif au sein du portefeuille

Il est certain que ce qu'il est convenu d'appeler un « gros » client, représentant à lui seul 10, 15 voire 20 % du chiffre d'affaires de votre secteur, a un pouvoir objectivement plus important, de par son poids, qu'un petit client dont la perte éventuelle n'entraînerait aucune modification significative du chiffre d'affaires. C'est pourquoi tous les vendeurs en notre bas monde parlent aisément de petits, moyens et gros clients. Mais que signifie petits, moyens ou gros ? Les vendeurs apprécient par ces qualificatifs-là le poids relatif de chacun de leurs clients au sein de leur portefeuille. Un client faisant 600 000 euros de chiffre d'affaires sera probablement quantité négligeable pour un vendeur d'avions, mais comptera parmi les plus importants pour un fournisseur de papeterie en gros. C'est pourquoi savoir hiérarchiser de façon objective le poids relatif des différents clients que nous avons en portefeuille est important.

Dans mon livre sur la gestion et l'animation d'un portefeuille de clients[1], je propose de retenir pour cela la méthode des interquartiles, qui donne de bien meilleurs résultats que celle dite des « 20/80 ». Personnellement je l'emploie avec succès en entreprise pour mettre en place des modèles de gestion de portefeuille. Les clients sont classés en ordre décroissant, sur le critère de leur chiffre d'affaires (ou de leur marge). Ils sont ensuite répartis en 4 rangs. Le rang 1 réunit les clients les plus importants qui totalisent ensemble le premier quart du chiffre d'affaires total du secteur. Le rang 2 rassemble les clients d'importance un peu moindre qui réalisent ensemble le deuxième quart du chiffre d'affaires total. Le rang 3 regroupe le troisième quart du portefeuille et le rang 4, le quatrième quart. On détermine ainsi le « R » d'un client, selon qu'il appartient au 1er, 2e, 3e ou 4e quart. Ce « R » est égal à 1, pour les clients de rang 1, « R » est égal à 2 pour le rang 2, etc.

1. *Le Grand Livre du responsable commercial*, Paris, Éditions d'Organisation, 2009.

Prenons l'exemple d'un portefeuille, composé de 12 clients, dont le plus important réalise 900 K euros de chiffre d'affaires et le plus petit 280 K euros. Pour ce portefeuille (voir ci-dessous le tableau récapitulatif), le quart du chiffre d'affaires total s'élève à 6 960 K euros / 4 = 1 740 K euros. Dans un premier temps les clients seront classés par ordre décroissant. Ensuite on procédera au cumul des chiffres d'affaires. Enfin ils seront regroupés par sous-ensembles, réalisant un cumul de chiffre d'affaires d'environ un quart, soit 1 740 K euros. Bien évidemment, le calcul situe quelquefois un client « à cheval » sur 2 rangs. Dans ce cas, on affectera le client au rang supérieur ou inférieur le plus proche. Dans son esprit, ce que propose cette méthode diffère peu de la règle des « 20/80 ». En première analyse, il pourrait être observé que la différence réside dans la part de chiffre d'affaires de la 1re catégorie. Les clients A des 20/80 représentent ensemble 80 % du C. A. total, alors que les clients de rang 1 du quartile n'en réunissent que 25 %. C'est pourtant là que réside l'un des principaux avantages de la méthode. Elle est en effet plus analytique. En regroupant en une seule catégorie les clients les plus performants et réalisant 80 % du chiffre d'affaires, la technique A, B, C est imprécise et trop globale. A *contrario*, elle offre deux catégories aux clients les moins intéressants totalisant les 20 % restants. La démarche du « R » est inverse. La piétaille, composant la queue du portefeuille, fait l'objet d'un regroupement (R = 4). À l'opposé, les premiers 75 % qui représentent l'essentiel de la richesse du portefeuille sont davantage disséqués par trois rangs distincts.

Exemple de calcul du « R » client

Clients	C. A. en K euros	Cumul C. A.	% de C. A.	Rang « R »
1er	900	900	25 %	1
2e	840	1 740		1
3e	820	2 560	25 %	2
4e	800	3 360		2
5e	600	3 960	25 %	3
6e	550	4 510		3
7e	530	5 040		3
8e	470	5 510	25 %	4
9e	450	5 960		4
10e	400	6 360		4
11e	320	6 680		4
12e	280	6 960		4
Total	6 960	6 960		

Le pouvoir circonstanciel

J'appelle ainsi une somme de facteurs qui, en la circonstance d'une négociation donnée, vient conférer un pouvoir plus ou moins important à un client et ceci quel que soit son poids intrinsèque au sein du portefeuille.

Premier facteur circonstanciel de pouvoir, celui conféré par l'importance de l'affaire en question. Ce facteur est sans relation obligée avec le poids relatif du client. Par exemple, il peut s'agir de traiter une affaire avec un client modeste dans le portefeuille (« R » est égal à 4, soit un client du quatrième quart).

Mais ce client peut très bien être un chef de file. Autrement dit, au sein d'une chaîne de franchise, il est peut-être un leader écouté par ses collègues. Partant, son pouvoir est intrinsèquement supérieur à celui de son poids dans le portefeuille. À l'inverse, nous pouvons avoir affaire à un très important client dont le « R » est de 1, autrement dit appartenir au premier quart du portefeuille. Mais, en la circonstance, il peut n'avoir à proposer qu'une affaire extrêmement modeste dont l'intérêt pour lui, comme pour le vendeur, est faible. Dans ce cas de figure, aussi important que son pouvoir soit, celui-ci est altéré par la faiblesse de l'achat proposé. Ou encore un petit client, dont le « R » est égal à 4, peut très bien de façon parfaitement circonstancielle devoir satisfaire un besoin exceptionnel et en conséquence présenter temporairement un pouvoir plus important à court terme qu'à long terme.

Deuxième facteur circonstanciel : le niveau et la qualité de l'information du client. Il s'agit là de quelque chose de factuel et un client se fera d'autant plus puissant qu'il est capable d'argumenter parce qu'il a une parfaite connaissance du marché, des matériels concurrents et qu'il dispose de propositions concurrentes.

Troisième facteur circonstanciel : la plus ou moins grande facilité à comparer les offres. Moins une offre est comparable, plus grandes sont les chances qu'elle ne soit pas comparée ! Plus la comparaison d'une offre est aisée, plus le pouvoir du client est en revanche grand ! Ce facteur est à ce point pertinent que les entreprises et administrations ont remédié à cette difficulté par l'établissement de cahiers des charges qui astreignent les fournisseurs à répondre à leurs demandes, point par point, aisément comparable.

Quatrième facteur circonstanciel : les possibilités de faveur ou rétorsion à la disposition de notre interlocuteur. La relation commerciale que nous avons avec un client est faite d'un passé et d'un avenir. Pour l'avenir, certains clients ont à proposer des faveurs, par exemple donner la préférence à prix égal pour l'affaire suivante. Mais ils ont aussi un pouvoir de rétorsion : régler ou non une facture, un contentieux, ou obtenir un déréférencement, etc.

Les autres espaces de liberté

Ce sont tous les facteurs qui viennent ajouter ou retirer, moduler le pouvoir d'un client, à un moment donné et qui lui confèrent une liberté réelle de manœuvre, d'attraction ou de rejet.

Ainsi, selon qu'il est pressé ou non de satisfaire son besoin, votre interlocuteur sera plus ou moins « manœuvrant ». En ce sens le degré d'urgence est un facteur limitatif du pouvoir.

L'intensité du besoin, son caractère impérieux, est un autre facteur de pouvoir. Disons que le besoin, selon qu'il est plus ou moins vivement ressenti par un négociateur, est réducteur (en proportion) de son espace de liberté.

Il en est de même de l'existence de solutions autres. Selon que l'acheteur dispose de solutions techniques de rechange ou pas, de la possibilité de les mettre en œuvre aisément ou non, les marges de manœuvre seront rétrécies ou élargies. Ce faisant, le pouvoir de dire « non » le sera dans des proportions identiques.

Citons encore le degré d'adéquation du produit proposé à la problématique d'un prospect. Vos clients connaissent en effet des problèmes, des difficultés, que vos produits ou services peuvent plus ou moins bien résoudre. Par exemple, à l'occasion d'une mission chez Renault Trucks, qui visait à aider les forces de vente à réfléchir sur leurs stratégies de prospection, il est apparu clairement que certains prospects exerçaient des métiers dont les exigences techniques en matière de transport trouvaient leur solution dans la gamme Renault Trucks. D'autres métiers en revanche, en raison de leurs particularités, obligent à des modifications ou à des adaptations de la gamme proposée. Il est aisé de comprendre que dans le premier cas, les acquéreurs de camions (transporteurs, industriels) disposent de marges de manœuvre faibles. A *contrario*, dans le second cas, la concession que le commercial doit obtenir de son client pour qu'il accepte les modifications nécessaires réduit d'autant son pouvoir de négociation sur d'autres points.

Il existe beaucoup d'autres facteurs agissant sur les espaces de liberté des protagonistes. Par exemple, le potentiel à long terme d'un client est de nature à lui conférer un statut supérieur à ce qu'il serait au seul regard de sa taille actuelle.

Citons encore la dépendance *psychoaffective* des clients comme autre facteur de pouvoir à exercer sur ceux-ci. Certains individus sont en effet plus attentifs que d'autres à protéger leurs relations avec leurs fournisseurs. Par exemple, pourriez-vous entrer, sans gêne ni excuse, chez votre boulanger habituel, une baguette de pain à la main acquise ailleurs ? Probablement que non. Beaucoup parmi nous, dans le but évident de se soustraire au regard réprobateur du commerçant, confient ladite baguette à une tierce personne. La vérité est que nous éprouvons, à des degrés divers, le besoin de nous justifier ou celui d'éviter de peiner inutilement autrui. Ce réflexe, louable par ailleurs au plan humain et social, dénote une certaine dépendance aux regards des autres. Une dépendance dont l'exploitation est de nature à renforcer grandement votre *pricing power*. En effet, ils désireront éviter que vous puissiez leur reprocher une infidélité.

Les chargés de clientèle de banques ou d'organismes financiers, à l'occasion de leurs prospections, rencontrent souvent ce type de barrages. Les prospects leur objectent qu'ils travaillent depuis de nombreuses années avec telle autre banque et « *qu'ils ne peuvent pas faire ça à leur fournisseur* ». Cette sorte de clients, plus fréquemment rencontrée qu'on ne l'imagine, réduit par souci de fidélité, consciemment ou non, ses espaces de liberté au profit de leurs fournisseurs habituels.

En bref, les sources ou facteurs qui augmentent ou réduisent votre marge de manœuvre et partant votre pouvoir de choisir, de dire « oui » ou « non » sont nombreux. Certains sont communs à tous les métiers. Nous venons d'examiner les principaux. D'autres en revanche sont tout à fait spécifiques à certaines situations, comme l'existence de contrat d'entretien ou d'une position de prescripteur, par exemple. Cela doit suffire à vous convaincre de la nécessité de dresser le diagramme des pouvoirs de chacun de vos futurs interlocuteurs préalablement à toute négociation. Ainsi, vous renforcerez votre *pricing power*.

Dressez le diagramme du *pricing power* de votre interlocuteur

Dans la mesure où le pouvoir de négociation résulte d'une mosaïque de forces et de faiblesses, le diagramme des pouvoirs va la matérialiser visuellement. Dans son intérêt bien compris, le vendeur devra en conséquence dresser le diagramme des pouvoirs de son interlocuteur, dans le cadre de la négociation en cours.

Ce diagramme, aisé à mettre au point, présente deux intérêts principaux. Le premier est de s'obliger à s'interroger au moins une fois sur les différentes forces et faiblesses de son vis-à-vis.

À défaut, ce travail risque de n'être jamais effectué et ses leçons non tirées. Le second est de dresser ainsi le bilan de vos propres moyens d'actions dans la négociation que vous menez. Vous en retirerez de nombreuses idées pour mener à bien les objectifs d'entretien les plus complexes. Vous trouverez ci-après un exemple de diagramme de *pricing power*. Adaptez-le à votre métier. Une fois au point, il ne vous faudra que quelques minutes pour jauger chacun de vos clients. Vous en retirerez lucidité et perspicacité pour discuter prix avec eux. Leur vendre au juste prix deviendra un jeu d'enfant.

Diagramme du *pricing power* d'un client

Client :	
Attaché commercial évaluateur :	
Date :	
Affaire :	

Facteurs clefs de pouvoir	**Son *pricing power* est :**			
	Faible	**Moyen**	**Fort**	**Puissant**
Poids relatif dans mon portefeuille				
Client chef de file				
Importance financière de l'affaire				
Niveau et qualité de son information				
Facilité de comparaison de mon offre				
Possibilités de faveurs/rétorsion				
Adéquation de mon offre à ses besoins				
Reconnaissance des plus concurrence				
Urgence de son besoin				
Nombre de concurrents sur l'affaire				
Conscience de solutions de rechange				
Spectre de décision				
Difficultés ou coûts de changement				
Client phare				
Potentiel à long terme				
Dépendance à la relation				
Autre :				
Autre :				
Autre :				
Autre :				
Autre :				

Troisième partie

Comment vendre à votre prix, sans discussion

Parvenus à ce stade, faisons le point. Vous avez soupesé les enjeux essentiels de vos futures négociations. Vous avez en tête vos niveaux d'aspirations et disposez d'une fourchette d'accords possibles pour aborder vos futures négociations. Vous avez arrêté une balance d'échanges. Vous bénéficiez d'un bon argumentaire concernant vos prix et la justification de leurs éventuels écarts par la mise en évidence de vos produits subliminaux. Enfin l'établissement d'un diagramme du rapport de forces acheteur/vendeur objective les pouvoirs respectifs des protagonistes.

Vous voilà parfaitement armé pour rencontrer vos clients et asseoir votre *pricing power*. Pour l'heure il n'est en rien question de négocier. Il vous faut simplement tenter de faire accepter à vos interlocuteurs le principe de devoir payer le prix de votre produit ou de la solution qu'ils convoitent. C'est l'objectif de cette 3e partie au cours de laquelle nous allons nous attacher à répondre à trois questions essentielles :

1. À quel moment au cours de l'entretien doit-on annoncer le prix et comment le faire ?

2. Quel prix annoncer et comment choisir ce prix ?

3. Comment répondre aux différentes objections qui portent sur le prix ?

Ces trois problèmes réglés, vous saurez convenablement annoncer votre prix, au moment idéal pour lui donner le maximum de chance de « passer » ou sinon gérer aisément les sempiternelles « *c'est cher* » ou « *trop cher* ». Cela devrait suffire à limiter les inutiles et futiles palabres ou assauts de vos clients pour que leur soient abandonnées remises ou autres concessions… Un *pricing power* très développé calme les ardeurs vindicatives des clients les plus téméraires. N'oubliez jamais qu'il est plus aisé d'oser demander une remise à Ford qu'à Rolls Royce ! Les trois chapitres qui suivent vont vous y aider.

Chapitre 9

Ce que cache la question *« C'est combien ? »*

Dans divers écrits, je fais observer que beaucoup d'entretiens de vente s'avèrent hypocrites et tiennent de la tartuferie, au regard de l'expression du désir d'aboutir des clients et des vendeurs. Le commercial souhaite ardemment obtenir une décision favorable, et pourtant peine à le confesser à son interlocuteur. Il se réfugie officiellement dans le conseil, l'information, et répugne à avouer son désir de vendre. Quant au client, il semble obnubilé par le risque de devoir s'engager. Il fait souvent le choix de dissimuler son désir d'achat afin de ne pas avoir à « faire marche arrière ». Celui-ci déclare rechercher des renseignements et utilise de multiples faux-fuyants pour cacher à son interlocuteur commercial son désir d'aller plus loin. « *Je vous préviens je ne traiterai pas aujourd'hui* », ou « *C'est juste pour un simple renseignement* », ou bien « *Je fais un comparatif* », ou encore « *J'ai pour principe de ne pas me décider du premier coup* » sont autant de locutions que nous entendons couramment en début d'entretien de vente, particulièrement dans les situations de vente dans lesquelles le client prend l'initiative de la démarche en se rendant dans un commerce ou une agence. Ces tournures véhiculent à l'envi un déni d'engagement de la part de ceux dont le vendeur espère un accord. Certes, les entretiens démarrent et se déroulent tant bien que mal, mais la partie, côté client et côté vendeur, n'est pas reconnue comme réellement engagée.

Convenons que la question « C'*est combien ?* » appartient de quelque manière à ce genre de tactiques empruntées par ceux qui s'adressent à un vendeur, afin d'obtenir une information sans leur donner le sentiment de s'engager… J'observe que de nombreux commerciaux se trouvent alors, si ce n'est désarçonnés, du moins désorientés. Tous pressentent qu'il est bien trop tôt pour parler argent avec un client qui n'a pas encore exprimé de besoins spécifiques, et pourtant ils considèrent délicat de s'y soustraire. Voyons pourquoi et comment se sortir de ce mauvais pas.

La connaissance du prix d'un produit par un client menace votre *pricing power*

Le pouvoir réside dans le savoir. Le Sachant domine l'Ignorant ! Les capitaines au long cours de la marine royale ne conservaient-ils pas jalousement le secret du bon usage de leur sextant ? L'équipage, démuni de cette connaissance essentielle pour s'orienter, renonçait à toute velléité de mutinerie. Gageons qu'en matière de vente, la possession d'une documentation et du tarif qui lui est attaché suffit à ruiner le pouvoir de celui qui vend ! Muni en effet de ces deux informations essentielles, prix et documentation, le client prend le pouvoir ! En ce sens, les appels d'offres émanant d'entreprises ou de collectivités n'ont pas d'autre ambition que celle de garder la maîtrise de la décision.

De la même manière, Internet donne le pouvoir aux clients. Quelques clics suffisent à l'internaute pour disposer d'une mine d'informations sur le produit qu'il convoite et obtenir les prix pratiqués par divers fournisseurs sans aucun engagement d'achat. Les libres-services des grandes surfaces offrent le même pouvoir aux consommateurs. Il s'ensuit, pour l'un et l'autre de ces canaux de vente, une bagarre sur les prix, ultime levier pour convaincre.

Par bonheur la majorité des clients a recours aux services d'un vendeur pour résoudre une difficulté, recevoir un conseil, prendre une bonne décision, essayer un produit ou comprendre son fonctionnement et son usage. En ce cas, le client offre au vendeur une formidable opportunité commerciale. Il appartient à celui-ci de la saisir et de l'exploiter. Sous cet éclairage, on comprend le gâchis que génère l'abandon trop rapide par le vendeur de ces deux sources de pouvoir que constituent pour lui d'une part sa connaissance du prix et d'autre part celle du produit qui convient à son interlocuteur. Différer la remise de la documentation ainsi que du tarif et s'attacher prioritairement à bien comprendre le besoin de votre client, de ses motivations, de ses attentes et préoccupations est à l'évidence la bonne voie. C'est pourquoi savoir répondre à l'impertinente question du « *combien ?* » afin de conserver votre pouvoir est un atout maître pour obtenir une décision favorable en fin d'entretien de vente. C'est à cette quête de la judicieuse réponse que nous allons nous attacher désormais.

Quel prix énoncer en réponse à la question « *C'est combien ?* »

Au-delà de la volonté de garder la haute main sur le vendeur, (souvent perceptible chez toute personne qui achète), au-delà des évidentes manigances pour éviter d'avoir à s'engager, il faut comprendre que trois notions de prix habitent le psychisme des clients. On distinguera utilement :

- le prix de faisabilité ;
- le prix tarif ;
- le prix à acquitter.

Bien discerner ces trois niveaux de prix permet de répondre judicieusement à la question du « *combien ?* ».

Le prix de faisabilité

Lorsque vous désirez acquérir un bien ou bénéficier d'un service, l'idée immédiatement corrélée à votre désir est celle bien légitime de la possibilité de pouvoir « vous offrir » ce bien ou ce service : « *Est-ce possible pour toi, peux-tu te l'accorder ?* » interpelle une voix intérieure. Ces questions se posent à beaucoup d'entre nous, lorsque nous sommes envahis par le désir d'appropriation d'un produit ou d'un service important mais quelque peu budgétivore. Nos pulsions se soumettent en ce cas à une autocensure qui joue le rôle de contrôleur budgétaire. Un contrôleur qui consent ou refuse la dépense. Les psychologues pourront débattre longtemps du fondement psychique de ces débats intérieurs qui nous rongent. Entre raison (« *Est-ce raisonnable ?* », « *Est-ce rentable ?* », « *En ai-je suffisamment besoin ?* ») et représentation narcissique défaillante (« *Y ai-je droit ? n'est-ce pas trop pour moi ?* »), les explications sont nombreuses.

Ce qui est objectivable chez les particuliers l'est tout autant chez les professionnels. Ces derniers se soumettent au principe de la faisabilité budgétaire avant d'échafauder tout projet. Convenons simplement que leurs budgets, généralement formalisés et rationnels, sont moins souples, autorisent fort peu de compromis et laissent une modeste place aux sirènes du désir.

Quoi qu'il en retourne, il faut bien admettre qu'obtenir en début d'entretien le feu vert de ce « contrôleur financier » est souvent le tout premier challenge du vendeur dans l'entretien. Si vos interlocuteurs entament fréquemment l'échange par la question du « *Combien ?* », c'est tout bonnement parce qu'ils sont dans une logique de « *Stop ou encore ?* ». « *Puis-je continuer ou dois-je renoncer à rêver* », se demandent-ils ? Examinons comment il vous faut réagir à cette sollicitation de début d'entretien.

Les réponses de nombreux commerciaux sont souvent inadaptées :

- tantôt ils rechignent à donner un prix ; cette réaction bride les pulsions d'achat par défaut d'accord du fameux « contrôleur financier ». Durant tout l'entretien l'interlocuteur laisse sans réponse une question fondamentale en suspens « *Le puis-je ?* » ;
- tantôt ils énoncent le prix porté sur le tarif public mis à leur disposition, dont l'importance est constitutive d'un vrai remède à tout désir ; ce prix conduit fréquemment le client à cesser sur le champ son investigation.

Entre ces deux attitudes impropres à obtenir une attitude positive d'un acheteur potentiel, il est une voie médiane qui, de bonne guerre, fait choix de minimiser le montant de la dépense à envisager. Pour franchir les barrières de la *faisabilité*, la technique du « *À partir de…* » est parfaitement adaptée pour que tombent les premières défenses du client et laisse quelques chances au désir de ce dernier de grandir. C'est cette stratégie qu'il vous faut emprunter pour répondre à la question préalable du « *Combien ?* ». Le prix le plus bas possible, sans option ni supplément, fait souvent l'affaire.

Le prix tarif

Le prix tarif est le prix public, accessible à tous. Il correspond à celui, très officiel, du *catalogue*, avant toute remise ou offre promotionnelle. Celui-ci doit être avancé en deuxième intention, une fois le besoin du client parfaitement défini et le produit ou la solution propre à donner satisfaction clairement identifiés. Nous verrons plus loin quand et comment énoncer ce prix.

Retenons ici deux principes :

- le premier est de ne consentir à énoncer le *prix catalogue* que si votre interlocuteur a exprimé clairement son besoin et laissé poindre son désir d'appropriation ;
- le second, nous l'avons vu, est de ne pas annoncer ce *prix catalogue* en tout début d'entretien. Véritable étouffoir du désir, « le tarif » d'un produit conduit souvent le client à renoncer à son acquisition avant même d'avoir fantasmé sur les mérites de son acquisition.

Le prix à acquitter

Ici la question du *combien* porte sur le prix exact à devoir acquitter par le client pour obtenir le bien ou le service convoité. On l'a compris, il s'agit d'énoncer tout bonnement la somme qui devra être versée au vendeur en échange du produit ou système ou solution acquise. Ce prix est obtenu après négociation. Il est avancé en troisième et dernière intention. Le *prix à acquitter* résulte du prix catalogue diminué d'une éventuelle remise ou d'avantages en nature concédés. Il ne doit être énoncé qu'en contrepartie d'une garantie de bonne fin émanant du client. Le vendeur ne doit consentir à négocier et à proposer une remise, que s'il emporte en retour l'engagement de son interlocuteur qu'un accord sera trouvé et le bon de commande signé. Nous y revenons plus loin dans le chapitre suivant consacré à la négociation elle-même. D'ores et déjà notons les formules à avancer face à une demande de remise, avant d'annoncer le *prix à acquitter* en B to B[1] : « *Où en êtes-vous dans votre décision ? Est-ce que si je fais un effort vous êtes prêt à me passer commande ?* », ou en B to C[2] : « *Avez-vous votre carnet de chèques ou votre carte de crédit ? Êtes-vous prêt à vous engager si je vous fais un bon prix ?* » À défaut de réponses positives à ces questions fondamentales, vous aurez la sagesse de surseoir à tout énoncé du prix à acquitter par le client.

Le chapitre 15 met en avant le moment opportun de l'entretien pour avancer l'un ou l'autre des trois prix.

1. B to B (Business to Business) : un professionnel vend à un professionnel.
2. B to C (Business to Consumer) : un professionnel vend à un particulier.

Chapitre 10

Quand et comment annoncer votre prix pour « *qu'il passe* »

Dans mon livre *Les commerciaux descendent de Cupidon et leurs clients de Vénus*[1], je tire argument des relations de séduction des hommes et des femmes pour expliquer et résoudre de nombreuses difficultés commerciales que rencontrent les vendeurs avec leurs clients. Au chapitre 11, je mets en scène un « *engagé volontaire pour devenir sous-marinier* », qui passe sa première permission à Cherbourg. « *Sitôt débarqué,* [il] *prend la direction d'une ruelle bien peu recommandée aux mineurs* [...]. *Une plantureuse brune callipyge, aux bas résilles, apparaît d'emblée dans un petit renfoncement à l'abri des regards inquisiteurs.* [...] *Au premier regard, un fulgurant désir submerge notre apprenti sous-marinier.* [...] *Dépourvu d'expérience dans l'achat de ce genre de prestation, il s'interroge sur la meilleure manière de s'y prendre pour aborder la mignonnette. Il ne peut tout de même pas lui dire : « Tu me plais, viens on y va. »* [...] *Alors, il fait choix d'emprunter l'expression conventionnelle utilisée par tout clients qui convoitent d'acheter quelque chose mais renâclent à montrer leur détermination à le faire : «* C'est combien ? *»* [...] *La formule est digne et semble grandir celui qui achète. Elle a en outre le mérite d'être très usitée. Elle lui évite de s'avouer demandeur mais fait de*

1. Paru chez Maxima, Paris, 2008.

lui un acheteur sérieux, considère-t-il. [...] La belle lui répond : « Pour la totale, mon mignon, c'est 120 €. » Aurélien, malin, se dit que faire valoir à un vendeur, fut-il de ses charmes, que son prix lui apparaît cher s'avère souvent de bonne politique pour obtenir un rabais. En réponse à cette revendication, la fille le toise alors et jugeant qu'elle sera mieux au chaud qu'à battre le pavé, lui rétorque que, pour les jeunes militaires aussi bien que par dévouement pour la patrie et ceux qui la servent, elle consent à rabaisser son prix à 80 €. [...] Un rabais si aisément obtenu est chose louche. Une aussi jolie femme devrait avoir tous les hommes à ses pieds et cela sans discussion aucune. Il prend le parti de se hâter lentement et de lui balancer la formule qui étouffe les velléités de conclure chez la plupart des vendeurs : « Je vais réfléchir, je repasse. »

[...] Une magnifique blonde, pulpeuse à souhait, fait alors irruption d'un taxi sorti de nulle part. Connaissant désormais mieux les prix (les clients apprennent vite) il décoche à l'adresse de la fille son fameux « C'est combien ? », *[...] La prostituée affiche en retour un sourire enjôleur et pourtant reste muette. Hum ! Moins facile qu'il le supposait de prime abord. Inquiet, déjà moins sûr de lui, il se risque au renouvellement de sa question. En écho, la vendeuse de charmes se montre cette fois presque amusée, lui jette un regard attendri, mais ne répond pas davantage. Complètement déstabilisé Aurélien, penaud, rougissant, s'apprête à se sauver [...] C'est alors qu'avec aménité, mais non sans quelque condescendance, la belle sort de son mutisme :*

— Pourquoi moi ?

— Parce que tu me plais, pardi ! balbutie Aurélien, interloqué par cette question.

— Ah bon, je te plais ? fait mine de s'étonner la belle intriguée.

— Ben, ouais tu me plais. Ça n'a rien d'extraordinaire. Si je ne te désirais pas, je ne te demanderais pas ton prix, rétorque Aurélien tentant de reprendre le dessus.

— Mais il y a plein de filles dans la rue, pourquoi moi plutôt qu'elles ?

— Tu m'attires davantage. Ça ne se discute pas, avoue en haussant les épaules Aurélien, tout émoustillé par la confession de son désir.

— Tu es beau et tu me plais aussi, fait la blonde avec un accent de sincérité. Dis-moi ? Combien es-tu prêt à me donner pour que nous passions un moment ensemble ?

— J'avais pensé à 100 €, dit Aurélien, calculateur au cœur battant.

— Pour ce prix-là, tu trouveras sans difficulté des filles dans la rue qui s'offriront à toi. Si tu penses que je ne vaux pas plus qu'elles, c'est que tu ne me désires pas autant que moi j'ai envie de toi !

Aurélien est sidéré. Obtenir l'accord de la fille s'avère plus complexe que prévu. Cela, ajouté à l'idée d'être désiré par une prostituée, porte son désir à son paroxysme. […]

— 120, ça t'irait ? risque alors frénétiquement Aurélien qui ne compte déjà plus.

— Viens avec moi et donne-moi 150 €. Ça va être formidable, tous les deux !

Ce jour-là, notre apprenti sous-marinier, perclus de désirs, déboursa 50 % de plus qu'il ne l'avait escompté et près du double de ce que lui demandait sa précédente rencontre ! L'histoire ne dit pas s'il trouva la prestation aussi super que promise. Une seule et grande certitude en ressort. Un bon vendeur ne doit jamais annoncer le prix d'une chose sans avoir éprouvé, de quelque manière, le désir de son interlocuteur pour acquérir cette chose et faire en sorte de porter ce désir d'achat au moins aussi haut que le sien de la vendre.

Le conflit psychique entre prix à payer et désir à satisfaire

Vous avez peut-être observé que certaines personnes parmi vos prospects ont la fâcheuse habitude de demander le prix des choses avant même d'avoir parlé de leur besoin et des raisons qui les conduisent à vouloir en disposer. Ainsi nombreux sont les clients qui entrent dans les magasins pour solliciter une réponse quant au prix d'un objet qu'ils convoitent. Au fond, chez ces individus, tout se passe comme si leur préoccupation première était la somme à débourser pour obtenir le produit ou service qu'ils convoitent. D'autres en revanche s'intéressent prioritairement à l'objet (produit ou service) lui-même, à ses caractéristiques, à ses fonctionnalités et à l'intérêt de l'acquérir, avant de s'interroger sur le prix à devoir acquitter pour l'obtenir. Ces deux attitudes, face à la décision d'achat, semblent s'exclure ou pour le moins se contrarier. La vérité est que l'une et l'autre cohabitent, à des degrés divers, chez chacun d'entre nous. Disons que la répulsion déclenchée par l'idée de devoir « sortir » de l'argent est inversement proportionnelle à celui du désir de posséder ou de profiter des avantages et bénéfices des produits proposés. Autrement dit ces deux pulsions (désir d'avoir et résistance à payer) se conflictualisent plus ou moins chez chacun d'entre nous. Graphiquement ce phénomène peut se représenter de la manière suivante :

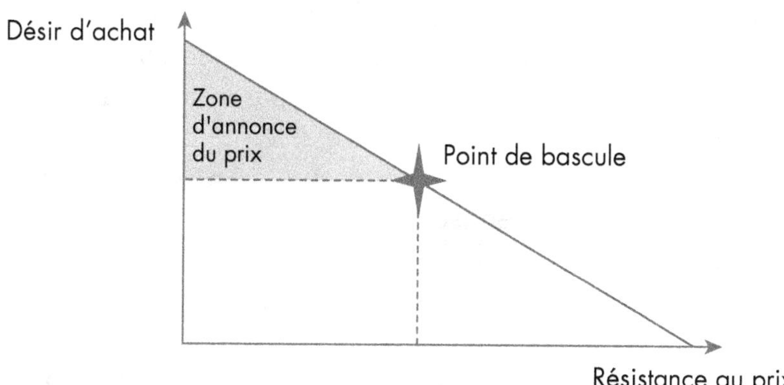

Il ressort du schéma ci-dessus que, pour un vendeur, parler du coût des choses avant que le désir d'acheter du client soit porté à son maximum limite grandement ses chances d'en faire accepter le montant. Il existe en effet un point de bascule au-delà duquel la résistance au prix et à la dépense devient moindre que la pulsion d'achat. Disons qu'à ce point de bascule le désir du bénéfice l'emporte sur l'inconvénient de la sortie d'argent. Apprendre à repérer ce point est un des passages obligés pour aborder vos négociations avec de bonnes chances de succès. Nous allons voir que ce repérage est de nature à accroître significativement votre *pricing power.*

L'instant propice pour annoncer votre prix

En matière de prix il est une vérité première :

Le problème du prix se pose quand un client est d'accord pour acheter un bien ou un service et réfléchit légitimement à l'idée de pouvoir le payer !

S'ensuit pour les lecteurs désireux d'asseoir leur *pricing power*, l'absolue nécessité de différer l'annonce du prix aussi longtemps que l'envie d'acheter, chez leurs prospects, n'a pas dépassé ce stade matérialisé par le point de bascule du graphique précédent… À défaut, le prix devient une variable d'ajustement pour ceux qui ne savent pas argumenter l'intérêt qu'offrent leurs produits. Faute d'avoir excité suffisamment le désir chez leurs interlocuteurs, leur seul recours est de leur consentir des remises compensatoires. Ceux qui doutent de ce conflit quasi mathématique entre désir et prix peuvent certainement se remémorer avoir fait un jour un achat irraisonné. Ce jour-là, guidés par la seule pulsion de leur désir ou de leur intérêt pour un produit (voiture, robe, voyage, etc.), ils se sont laissé aller à une dépense excessive… et pourtant tellement exquise. Les dossiers de surendettement n'ont pas d'autre origine. L'appétit des consommateurs surendettés a non seulement dépassé leur résistance à devoir payer mais aussi leur capacité à pouvoir le faire ! Sous cet éclairage on comprend mieux les formules, s'agissant de l'attention que l'on porte à une œuvre ou toute autre chose fortement désirée, « *Cela n'a pas de prix* » ou bien encore « *Vouloir quelque chose à tout prix* ». Ces expressions portées sur notre précédent graphique présentent un désir à son comble et une résistance à payer réduite à néant.

Sur ce sujet une ultime question se pose. En va-t-il de même pour les clients professionnels ? L'expérience m'a permis d'acquérir la certitude qu'une entreprise qui ressent un impérieux besoin d'acquérir un bien ou un service sait trouver les moyens financiers pour réaliser son projet, quand bien même n'en a-t-elle pas prévu le budget. Ceci est vrai aussi bien pour la prise de contrôle d'une société qu'elle convoite que pour l'acquisition d'un immeuble ou de tout autre investissement. Ah ! désir quand tu nous tiens !

Pas d'annonce de prix avant la reconnaissance du désir

Ainsi que nous venons d'en convenir, le problème du prix se pose dans la seule mesure où votre interlocuteur est d'accord sur le principe d'un achat. Son envie est alors portée au-delà du point de bascule évoqué. De là une suite logique de 3 étapes à franchir préalablement à l'annonce de votre prix :

1. Obtenir l'accord de votre interlocuteur pour que soit différée, de quelques minutes, votre réponse à toute question portant sur votre prix.
2. Préalablement à l'énoncé de votre prix, découvrez les sources de désirs chez votre client afin d'exciter et intensifier sa convoitise.
3. Conduire votre client à reconnaître l'intérêt qu'il porte à vos produits ou solutions avant tout énoncé du prix.

Alors, et alors seulement, le moment sera venu pour vous d'annoncer votre prix. Détaillons chacune de ces incontournables étapes.

1. Obtenir l'accord de votre interlocuteur pour que soit différée, de quelques minutes, votre réponse à toute question portant sur votre prix

Il appartient aux vendeurs de conduire leurs entretiens et non à leurs interlocuteurs. Entraînez-vous à différer l'annonce de votre prix. Développez le réflexe dilatoire. Les moyens temporisateurs pour divulguer votre prix sont nombreux. Exercez-vous à dire : « *Je vais vous parler du prix, mais auparavant je souhaite vous faire connaître tous les avantages et bénéfices que vous pouvez retirer de ce produit. Vous verrez, le montant de votre investissement est modeste au regard de ce que vous vous proposez d'acquérir* » ou « *Votre préoccupation de prix est légitime. C'est pourquoi il nous faut ensemble regarder ce que cette acquisition vous apporte…* » ou encore « *J'ai besoin d'en savoir un peu plus afin d'être en mesure de vous indiquer le prix, m'autorisez-vous à vous poser quelques questions ?* », ou enfin « *Je vais vous indiquer le prix. Au préalable est-il indiscret de vous demander ce qui vous intéresse dans ce produit ?* », ou toute autre formule avec laquelle vous vous sentirez à l'aise pour reporter à plus tard le moment de parler argent avec votre client et l'inviter à exprimer davantage son besoin.

2. **Préalablement à l'énoncé de votre prix, découvrez les sources de désirs chez votre client afin d'exciter et intensifier sa convoitise**

Toutes les fois qu'un dirigeant nous sollicite en vue de l'organisation d'une formation au *pricing power*, nous lui proposons d'entraîner ses vendeurs à travailler plus en amont dans le processus de vente. Étudier le besoin des clients, comprendre leur système motivationnel, intensifier leur désir d'acheter, faciliter leur prise de décision sont en effet les plus sûrs moyens de n'avoir aucun souci de prix.

Peut-être vous demandez-vous comment vous y prendre pour développer, chez un client, un intérêt pour le passage à l'acte d'achat et faire tomber, un à un, ses blocages ? Tout simplement, en quittant votre bulle de commercial dans laquelle vos produits et leurs avantages règnent en maître. Cela pour entrer dans la bulle de l'*Autre*, celui que vous voulez convaincre et dont les ressorts sont différents des vôtres. Pour ce faire :

- faites s'exprimer difficultés et problèmes qu'il rencontre ;
- recherchez ses attentes et préoccupations profondes ;
- tentez un *closing* du besoin mis au jour ;

- exposez les bénéfices offerts par vos solutions, centrés sur les attentes et préoccupations de votre interlocuteur ;
- comprenez le pourquoi des objections et des blocages de votre client, afin d'avancer une réponse pertinente ;
- apportez la preuve de vos dires et levez les éventuels doutes ;
- donnez des références d'autres clients séduits par vos solutions.

Ici, il est difficile d'en dire plus sur la découverte du besoin et des attentes, et préoccupations profondes, composantes du désir, sans sortir de notre sujet, qui, faut-il le rappeler, porte sur la vente du prix. Le lecteur désireux d'en savoir davantage sur les techniques de découvertes et de *closing* sur le besoin est invité à se reporter à mon livre *Faire signer ses clients*[1]. Il y trouvera tous les ingrédients de nature à l'aider à vendre à ses interlocuteurs, avant toute formulation de prix, un besoin et des bénéfices produits en phase avec les désirs exprimés. Deux ingrédients qui entament sérieusement, voire suppriment, toute envie chez vos clients de parler argent !

3. Conduire votre client à reconnaître l'intérêt qu'il porte à vos produits ou solutions avant tout énoncé du prix

Voici venue l'ultime étape avant communication de votre prix : solliciter un accord (de principe) de l'intéressé, hors toute référence à un prix. Ce genre de petite phrase suffit à l'obtenir : « *Sur le principe, hormis le prix, est-ce que ce que je vous propose vous convient ?* », ou encore « *Vous m'avez demandé le prix. Je*

1. *Faire signer ses clients*, Paris, Éditions d'Organisation, 4e édition, 2007.

vais vous le remettre, mais au préalable, dites-moi si ce que je vous propose vous séduit ? ».

Dans mon livre *Conquérir de nouveaux clients*, je consacre un chapitre aux 7 règles d'or qui président aux décisions des individus. J'explicite et détaille les processus et mécanismes psychologiques qui conduisent un individu à s'engager dans un processus d'acceptation, autrement dit à passer du *« non »* au *« oui »*. Ici, je dirai un mot de la *règle n° 1*, laissant le lecteur intéressé se reporter à cet autre livre[1]. Elle s'énonce ainsi : **seul, ce qui est clairement exprimé par un individu a valeur d'engagement à ses yeux.** Autrement dit nous ne nous sentons réellement engagés que si nous exprimons notre engagement formellement et distinctement. L'expression *« Je n'ai pas dit que je le ferai »* n'est-elle pas synonyme de *« Je ne me suis pas engagé à le faire » ?* ou *« Ce qui est dit, est dit ! »* ou encore celle des enfants *« Celui qui dit c'est celui qui l'est »*. Telle pourrait être résumée la règle de l'expression. Ainsi un individu qui défend telle ou telle opinion, politique par exemple, ne se sentira lié par son opinion qu'après l'avoir exprimée publiquement (autrement dit à voix haute), ou en adoptant des comportements repérés par son entourage (distribution de tracts ou participation à des meetings). En ce sens, une idée qui ne se traduit pas en acte ou en parole n'est pas engageante pour un individu. Ceci explique que certaines personnes ont tant de mal à dire les choses, habitées qu'elles sont d'un sentiment d'irréversibilité de la chose dite. C'est cette idée que résument deux psychosociologues, Robert-Vincent Joule et

1. Dans la même collection, « Méthodes et astuces pour… », *Conquérir de nouveaux clients*, Paris, Éditions d'Organisation, 2e édition, 2005, chapitre 18, page 159 et suivantes,.

Jean-Léon Beauvois [1] : « *Ainsi a-t-on pu observer qu'un individu amené à tenir un discours contraire à ses attitudes (par exemple en faveur de l'avortement) dans un contexte de liberté, et donc d'engagement, modifiait ultérieurement celles-ci dans le sens de l'argumentation développée (en devenant en l'occurrence plus favorable à l'avortement qu'il ne l'était au départ).* » Par exemple, un client, qui a passé commande oralement à un fournisseur concurrent, se sent lié à celui-ci, en l'absence de toute confirmation écrite. C'est pourquoi il devient très difficile de la lui faire remettre en cause (« *Je n'ai qu'une parole* »).

En vertu de cette règle, nous observons l'intérêt de faire reconnaître à voix haute à nos clients l'intérêt de la solution que nous préconisons et leur accord de principe pour l'acquérir, excepté son prix. Quand votre vis-à-vis aura confirmé son accord de principe et ainsi reconnu l'intérêt qu'il porte à ce qui lui est proposé, soyez assuré qu'il ne pourra plus faire marche arrière et remettre en cause son désir, cela en vertu d'une qualité revendiquée par beaucoup : « *Je n'ai qu'une parole*[2] ! » Vous éviterez en outre, par ce stratagème, d'être pris en tenaille par votre client. Celui-ci ne pourra plus justifier une demande de remise par quelques insuffisances de votre produit.

1. Robert-Vincent Joule et Jean-Léon Beauvois ont compilé de nombreuses études scientifiques menées dans le monde sur les processus d'engagement et de prise de décision chez les individus dans le très sérieux ouvrage *Petit traité de manipulation à l'usage des honnêtes gens*, Grenoble, Presses universitaires de Grenoble, 2002.
2. Une expression qui véhicule parfaitement le lien psychologique entre l'engagement et la verbalisation.

Le moment venu, comment présenter votre prix

L'accord de principe en poche, voilà venu le moment d'annoncer la douloureuse ! Il m'a rarement été donné de pouvoir observer un commercial qui à cet instant précis n'avait pas quelques réactions émotionnelles, qui peuvent aller d'un simple raclement de gorge au rougissement pivoine, en passant par tout état véhiculant incertitude, inquiétude voire angoisse par crainte d'un écho négatif.

Alors comment annoncer un prix ? C'est un moment délicat dans l'entretien de vente, qui génère souvent émotion ou appréhension. Un trouble perceptible par notre client, qui lui fait nous soupçonner d'être cher pour être si peu sûr de nous... Réfléchissons ensemble sur ce qui explique cette émotivité soudaine et pourtant fréquente. Que le lecteur me pardonne. Le sujet est vaste et sauf à tout réunir en une encyclopédie, je ne peux ici que donner quelques conseils psychologiques liés à l'annonce du prix. J'invite ceux qui souhaitent plus amples développements sur ce thème passionnant des relations psychologiques dans la vente à se reporter à mes autres écrits[1]. Contentons-nous d'observer que la peur du NON nous habite tous, à des degrés divers. Solliciter l'accord d'un client réactive l'enfant qui sommeille en nous. Nos perceptions passées, lorsque nous demandions une autorisation parentale ou la signature d'un livret scolaire, refont surface. Il n'en faut pas davantage pour nous mettre en état d'infériorité vis-à-vis de notre client, vécu

1. Le lecteur trouvera 2 chapitres sur les ressorts psychologiques de la relation de vente (pages 19 à 36 et 197 à 206) dans mon livre précité, « Méthodes et astuces pour... *Faire signer ses clients.* »

comme un censeur distribuant accords et refus, selon son bon vouloir, comme le faisaient nos parents.

Or, s'il est difficile d'abréagir ce genre de réaction, tant elle est humaine et quasi génétique, il est possible – à défaut de l'éviter – de la surmonter. Pour y parvenir voici 3 conseils :

- **1er conseil : n'annoncez pas votre prix isolément**

  À l'occasion de la préparation de vos négociations, vous avez mis au point votre argumentaire prix. Empruntez l'une des 3 voies qu'il vous offre. Celle de la globalisation du prix « *Pour 158 € vous emportez chez vous cette machine avec ses accessoires, son driver d'installation, son assistance hot line et une garantie d'un an. Cela vous convient-il ?* » ou celle de la mise en perspective « *158 € ! C'est un paquet de cigarettes par jour pendant cinq mois et c'est meilleur pour la santé* » ou enfin celle du rappel des bénéfices « *Pour 158 € vous n'aurez plus à perdre votre temps et vous gagnerez en confort* ». La présentation de votre prix, ainsi noyée dans un ensemble de propos positifs et avantageux, ne vous laissera pas suspendu à la réponse de votre interlocuteur. Faites l'essai et vous constaterez que vos craintes et émotions s'estomperont.

- **2e conseil : retirez-vous de l'esprit que les prix de vos produits (ou solutions) ne sont pas compétitifs**

  Si vous pensez cela, votre interlocuteur le lira dans vos yeux ou le découvrira au travers de vos gesticulations. Or, cette inquiétude est omniprésente chez certains commerciaux et rend délicate l'annonce du prix. Et quand bien même seriez-vous plus cher, cela fait-il de vous un voleur ? Relisez le premier chapitre de ce livre. Il vous persuade à bon droit que votre société a une politique de prix. À cette politique sont attachés des niveaux d'image, de qualité et des services associés qui justifient le prix pratiqué. En changer déstabilise les clients. Mercedes ou BMW se doivent d'être plus chers que Peugeot. Ce fait n'a jamais empêché ces deux marques de vendre leurs véhicules. Bien au contraire les clients ne comprendraient pas la situation inverse. Revendiquez le droit d'être plus cher. C'est un choix et non une maladie !

- **3e conseil : évitez certains mots noirs ou attitudes qui interpellent vos interlocuteurs et mettent en doute votre compétitivité**

  Les termes de *coût*, *dépense* et *prix* génèrent des réactions légitimes de défense chez tout individu. Ils sous-entendent une perte de substance ou de diminution de pouvoir d'achat à venir. Les prononcer renforce inutilement la résistance à payer et de là à acheter. Choisissez l'emploi de mots plus agréables à l'oreille tels que ceux d'*économie*, de *valeur* ou d'*investissement*. Ainsi plutôt que notifier « *Ce matériel coûte 1 000 euros* » ce qui peut apparaître dissuasif, entraînez-vous à annoncer : « *Il vous faut investir 1 000 euros pour bénéficier de tous les avantages du matériel que je vous propose. Qu'en pensez-vous ?* » Il en va de même de certaines attitudes comme clignement des yeux, hésitation, bégaiement qui doivent être évités. Ils véhiculent votre émotion et sèment le doute.

Chapitre 11

Comment répondre à l'objection « *C'est cher !* »

Cette fois la messe est dite. Votre interlocuteur connaît votre prix. Le voilà en train de grimacer ou de porter un doigt à ses lèvres. Quelques secondes d'hésitation et il avance d'un ton dubitatif : « C'*est cher !* » ou « C'*est trop cher !* ». D'autres moins francs ou plus timides disent « *Bon, eh bien ! je vais réfléchir…* ». Quoi qu'il en soit votre prix pose problème. Une réaction appropriée s'impose. Voyons comment pratiquer pour lever cette objection.

L'objection « *C'est cher* » cache 7 préoccupations différentes

Vendre un bien ou un service serait chose aisée si nous n'avions pas à en faire acquitter le prix ! Mais que resterait-il de notre métier de vendeur si la gratuité était de mise ? En clair, un carré Hermès au prix de 20 euros serait-il encore un carré Hermès ? Convenons qu'être cher n'est pas une pathologie, mais résulte d'une politique qui participe au positionnement de notre entreprise au sein de son milieu concurrentiel. Une position qu'il revient, à nous autres commerciaux, de défendre corps et biens ! Quoi qu'il en soit, il vient un moment dans l'entretien de vente où annoncer notre prix devient incontournable. Un moment durant lequel notre désir d'obtenir l'accord de notre client se dispute avec la peur d'être trop cher et l'angoisse de son refus. Et patatras ! C'est aussi le moment choisi par nos clients pour nous asséner un « *C'est cher !* » ou « *C'est trop cher !* ». D'autres moins directs se contentent d'une grimace ou plus réservés de dire : « *Bon, eh bien ! je vais en parler à…* », ou encore avancent que « *Ce n'est pas pour tout de suite…* ». En bref, *faire accepter notre prix* pose problème et nécessite beaucoup de professionnalisme.

L'objection prix a des ressorts fort complexes. De nombreuses difficultés ou attentes profondes se dissimulent derrière cette réfutation. Pas moins de deux jours de stage intensif sont nécessaires pour préparer les commerciaux à en maîtriser les arcanes. À dire vrai, le reproche de cherté est un moyen de communication chez nos clients. L'objection ne constitue pas en elle-même un argument client pour ne pas acheter, mais bien davantage un moyen de nous indiquer de manière floue où les choses coincent… Ici, à l'image de l'arbre qui cache la forêt, ce n'est pas UNE mais SEPT préoccupations qui se dissimulent derrière leur apparente allergie à mettre la main à la poche :

1. Leur manque d'argent.
2. L'insuffisance de leur intérêt ou appétit pour ce qui est proposé.
3. Un concurrent leur offre un meilleur prix.
4. Un doute subsiste quant à la rentabilité de leur achat.
5. Le prix avancé est à un niveau auquel ils ne s'attendaient pas.
6. Le désir de se vanter auprès de l'entourage d'avoir obtenu mieux.
7. Une timide invitation à entamer une négociation.

Pour entrevoir l'argument pertinent à faire valoir, encore faut-il découvrir lequel, parmi ces sept mobiles, énergise notre interlocuteur quand il nous fait observer que « *C'est cher !* ».

Alors, comment pratiquer ? Tout se passe comme au cours d'une partie de *strip-poker*. Le premier qui est tout nu a perdu ! Le mieux est donc d'inviter tout bonnement votre client à se déshabiller… Pour ce faire demandez-lui simplement : « *Qu'est-ce qui vous fait dire que c'est cher ?* » ou (d'un ton neutre et interrogatif suivi d'un silence) « *Vous trouvez cela cher ?* » ou encore « *En quoi cela vous apparaît-il cher ?* » ou enfin « *Qu'entendez-vous au juste par cher ?* ». Attendez religieusement sa réponse. Elle vous éclairera sur le fondement de l'objection prix et la manière d'y répondre.

Avant d'aller plus loin, un dernier conseil est ici nécessaire. Évitez la formule « *Cher par rapport à quoi ?* » si souvent usitée. Légèrement agressive, elle est trop proche de « *Cher par rapport à qui ?* » présupposant l'existence d'une offre ou d'une solution concurrente. En ce sens elle oriente la réponse de votre client et entame vos chances de pouvoir comprendre ce qui motive réellement sa réplique.

Venons-en aux différentes explications possibles que peuvent donner vos clients et voyons comment lever les sept objections portant sur votre prétendue cherté.

Comment répondre aux 7 préoccupations concernant le prix

Une fois la justification de l'objection prix obtenue, voyons comment répondre aux 7 fondements possibles de l'objection portant sur le prix.

Le manque d'argent

À moins d'être un richissime nabab, nos désirs sont bornés par la modestie de nos moyens. Il est plus aisé à une personne désargentée de rétorquer à un vendeur « *C'est trop cher* » que de lui avouer des fins de mois difficiles et commençant le 2 ! Dans ce contexte, rétorquer que ce que nous proposons n'est vraiment pas cher ou prétendre être très compétitif est aussi inapproprié qu'inopérant. L'aveu d'un problème de budget obtenu oblige à proposer des solutions de financement. Ayez à cœur de présenter vos offres de paiement fractionné, des formules de location ou encore de crédit qui réduisent l'investissement initial et permettent l'accès à une satisfaction immédiate.

Mais est-ce vraiment un souci de budget ou s'agit-il d'une facétie pour se dérober et ne pas acheter ? Pour le savoir et apporter une solution pertinente un simple *closing*[1] sur le besoin suffit. Regardons comment faire :

1. La technique du *closing* consiste à engager le client à chaque étape de l'entretien et en faire une condition *sine qua none* pour consentir à passer à l'étape suivante. Dans le cas ci-dessus présenté, point n'est besoin de proposer un financement à l'interlocuteur qui ne donne pas, préalablement, son accord de principe pour passer à l'acte, si une solution de financement lui est proposée. J'invite le lecteur, qui désire approfondir cette puissante technique du *closing*, à se reporter à mon livre *Faire signer ses clients*, *op. cit.*

- Le client : *C'est cher votre truc.*
- Le vendeur : *Qu'est-ce qui vous fait dire cela ?*
- Le client : *J'ai d'autres investissements en cours, alors ce n'est pas le moment !*
- Le vendeur : *Vous voulez dire que vous seriez prêt à l'acheter. C'est le financement qui vous fait défaut.*
- Le client : *Pour le moment oui…*
- Le vendeur : *Si je vous trouve un moyen pour payer plus tard seriez-vous prêt à vous décider ?*

Alors de deux choses l'une. Votre client dit vrai, il acquiesce et vous lui proposez une formule de paiement qui résout son problème de budget. L'affaire est conclue. Ou votre client refuse de s'engager et il vous faut le pousser dans ses derniers retranchements grâce à un « *J'ai l'impression qu'il y a quelque chose d'autre qui vous fait hésiter. Vous acceptez d'en parler ?* » afin de tirer au clair le vrai fondement de son objection. Probablement découvrirez-vous une insuffisance de désir, rendant prématurée une négociation portant sur le prix…

L'insuffisance d'intérêt ou d'appétit pour ce qui est proposé

On ne fait pas boire, dit-on, un âne qui n'a pas soif ! Peut-être avez-vous les moyens de vous offrir une Rolex ou de déboucher une bouteille de Romanée Conti 1947. Mais en avez-vous envie ? Le désir pulsionnel, voire compulsionnel, à satisfaire une envie est l'élément énergisant dans une décision d'achat, alors que, nous l'avons vu précédemment, le prix, aussi avantageux soit-il, est plus souvent facteur de renoncement. Pour le moins il nous faut convenir que cette répugnance à devoir sortir de l'argent est inversement proportionnelle à celui du désir de posséder ou de profiter des avantages et bénéfices des produits proposés. Autrement dit ces deux pulsions (désir d'avoir et résistance à payer) se conflictualisent plus ou moins en chacun d'entre nous. Or, dans le cas qui nous intéresse, le diagnostic est aisé. L'interlocuteur fait la moue et s'intéresse peu à votre offre. Il n'a pas envie ! Point n'est utile dès lors de lui parler argent. Revenez sur l'excitation de son désir en développant les bénéfices de votre solution (ou produit). La vérité est que la vente de votre produit n'est pas faite ! Partant celle du prix l'est encore moins. Sans doute avez-vous abordé le prix trop tôt. Il vous faut revenir à l'argumentaire produit. Travaillez sur la pulsion, sur son appétence, sur ses inclinations. Que convoite votre client et qu'est-ce qui lui ferait plaisir ? Montrez-lui tous les usages qu'il peut faire de ce que vous lui proposez.

Un concurrent offre un meilleur prix

Cette fois nous y sommes. Votre interlocuteur vous fait savoir par une formule lapidaire du genre « *trop cher* » que vous n'êtes pas, selon ses investigations, « placé ». Partant il vous faut comprendre qui est votre concurrent, ce que celui-ci offre, connaître les spécificités que recèle sa solution (ou son produit) afin de pouvoir comparer. Présentez alors votre produit subliminal, celui qui est perçu mais pas aperçu[1]… Développez alors les avantages et bénéfices de ce produit subliminal. Service après-vente, garantie, hot line, reprise en cas d'insatisfaction, conseils, interlocuteurs compétents, etc. sont autant de produits subliminaux qui peuvent largement justifier une différence de prix.

1. Voir chapitre 5 sur les techniques argumentaires de l'écart du prix.

Un doute portant sur la rentabilité de l'achat

Certains individus considèrent le bien-fondé de leurs désirs à l'aune de leur portefeuille. Ils achètent un service ou un produit au regard de ce que cela leur rapporte. Autrement dit, ils exigent un retour sur investissement. Leur besoin étant repéré et admis, leurs allocations budgétaires ont pour critère que la satisfaction de celui-ci soit rentable. Il s'ensuit, chez ces personnes, que le vocable « C'*est cher* » ou toute autre objection imprécise sur le prix, exprime leur préoccupation quant à la rentabilité de leur achat. Bien évidemment leur évaluation est imprécise. Rarement prennent-ils le temps de se livrer à un calcul. En fait, par manque de rentabilité, ils entendent la mise en relation du prix proposé et l'usage qu'ils imaginent faire du produit présenté ou des bénéfices retirés. Cela ne les intéresse pas, tout bonnement parce que ce n'est pas assez intéressant. Pour lever le doute, chez ce type de client, il est nécessaire de les conforter dans l'idée de rentabilité. Multipliez les bénéfices, faites valoir des profits accessoires auxquels ils n'avaient pas songé.

Par exemple, à un voyageur de la *SNCF*, qui trouve la 1re classe trop chère (pour l'intérêt qu'elle comporte) vous pouvez faire observer qu'en plus du confort que procurent des fauteuils plus larges et plus douillets, la 1re classe permet de glisser son bagage sous les sièges, de pouvoir ainsi le surveiller et éviter le préjudice d'un vol ou encore de pouvoir disposer de plus de place pour travailler, etc. En fait ces clients ont besoin de trouver des points d'appui pour justifier leur achat et se donner de bonnes raisons de « devoir » le faire. Achat fait, ils s'attachent à démontrer à leur entourage qu'ils ont fait une bonne affaire et que leur achat est rentable. Donnez-leur du grain à moudre et vous vendrez.

Un niveau de prix auquel il ne s'attendait pas

Le prix des choses est, pour celui qui ne le connaît pas, une énigme. La nature ayant horreur du vide, une estimation, qui tient davantage d'une supputation que d'une appréciation objective, vient répondre à ses interrogations. Combien vaut un voyage en *First* pour les États-Unis, une chambre au George V ou encore une quiche lorraine chez Hédiard ? À défaut de connaître la réponse, un prix s'organise en nous. Cette construction imaginaire peut aussi bien provenir d'un on-dit, d'un article de presse imprécis ou d'un produit qui semble appartenir à la même famille. Par exemple le prix d'un graveur DVD, peut être déduit de celui d'un lecteur DVD ou d'un magnétoscope. Juste ou erroné, fondé ou non, le résultat de cette appréciation établit le *prix attendu*. Ce prix attendu prédétermine en nous celui qui devrait normalement nous être annoncé à peu de chose près. Il en découle une échelle de références qui va nous conduire à juger de la cherté de façon totalement subjective et irrationnelle. Un prix inférieur à nos attentes nous apparaîtra abordable, voire une excellente affaire, alors que supérieur il semblera onéreux. Quoi qu'il en soit l'attitude du vendeur est dans ce cas déterminante. Il est en effet indispensable de conduire l'interlocuteur à reconsidérer les éléments de « calcul » de son prix. Comment ? Tout simplement en lui demandant sur quel fondement il s'appuie pour estimer le prix auquel il s'attendait. Il vous faut alors saisir son raisonnement, en comprendre les arcanes, inexacts ou inconvenants. En bref, démontez le propos pour repérer ses failles et redresser, en toute aménité, les jugements inappropriés.

Prenons pour exemple le prix de la journée d'un consultant informaticien externe. Celui-ci s'établit en moyenne à 1 000 euros. Ce prix s'éloigne souvent du *prix attendu* par les

PME. Comparé au prix d'un informaticien salarié (1500 euros/jour), le différentiel apparaît exorbitant de façon trompeuse.

Mettons la situation en scène et voyons comment pratiquer :

- Le client : *1 000 euros/jour, vous êtes cher !*
- Le vendeur : *Qu'est-ce qui vous fait dire que c'est cher !*
- Le client : *Cela fait 22 000 euros mois. Je ne gagne pas la moitié !*
- Le vendeur : *Je comprends et si c'était ainsi, ce serait excessif, vous avez raison. Toutefois, les sommes en cause ne recouvrent pas les mêmes choses. Notre prix de journée inclut les charges sociales de notre consultant, ses congés payés, ses RTT et ses cotisations retraites. S'y ajoutent les frais inhérents à son poste, bureau, assistante, téléphone, etc. En outre ses honoraires n'entrent pas dans le calcul de votre taxe professionnelle, mais dans la nôtre. Enfin, la mission terminée, aucune indemnité de licenciement et frais de reclassement n'est à verser, sans compter tous les avantages retirés de l'utilisation de compétences extérieures, etc.*

Le désir de se vanter auprès de son entourage d'avoir obtenu mieux que les autres

Ah ! orgueil quand tu nous tiens… Quel plaisir et quelle fierté sont ressentis quand l'on obtient un avantage que d'autres n'ont pas. Que ceux qui en doutent imaginent ce qu'ils ressentiraient si un « physionomiste », chargé de sélectionner les entrées d'un *night-club*, les éconduisait ? Et à l'inverse, si le même « physionomiste », refoulant la multitude, les invitait à entrer au nez et à la barbe de tous les déçus ? Qu'on le veuille ou non, force est d'admettre que cette compétition des *ego* mène le monde. Alors comment faire face dans ce cas pour ne pas entamer votre *pricing power* ? La réponse est biblique. On est toujours puni par là où l'on pèche ! Alors, en réponse au péché d'orgueil, la solution procède de la flatterie. Dites à votre interlocuteur que, parmi son entourage, il est le meilleur négociateur que vous ayez rencontré. Félicitez-le. Annoncez-lui qu'à l'occasion vous informerez ledit entourage de ses excellentes dispositions à la négociation. Empressez-vous de regretter, avec la meilleure volonté du monde, qu'il ne vous soit pas possible d'améliorer les conditions. Tenez bon, ça marche plus souvent que vous ne l'imaginez !

Une invitation à entamer une négociation

Pour demander une remise, il est plus aisé, pour certaines personnes, de reprocher à un vendeur le prix pratiqué en la forme d'un « *C'est cher !* » que de devoir affronter son refus en sollicitant directement une demande de remise. Tout cela est une question de timidité ou d'appréhension d'un vexant veto en réponse. De là cette observation que l'objection sur le prix pratiqué ne recèle, quelquefois, qu'une simple invitation à la négociation. C'est à mener à bien celle-ci que nous allons désormais nous consacrer dans la quatrième et dernière partie de ce livre.

Vous voilà désormais bien armé pour surmonter l'objection de cherté. Baisser votre prix, offrir une remise ou tout autre avantage, organisent en réflexe des réponses inadaptées. Ce type de comportement constitue dans les faits la variable d'ajustement des mauvais vendeurs. Les bons eux savent que leur succès professionnel passe par le renforcement de leur *pricing power.* Ils conservent à l'esprit que si leur entreprise disposait des meilleurs produits, aux prix les plus bas du marché, elle n'aurait alors nul besoin de leur service. Cette évidence suffit à renforcer en eux la volonté d'imposer à leurs clients le respect des prix.

Chapitre 12

Sur quelle base tarifaire annoncer votre prix

Quel prix[1] afficher au départ ou quel prix annoncer à un acheteur potentiel ? Pour les commerciaux comme pour les entreprises, cette question est un vrai casse-tête ! Le problème de l'annonce du prix est générateur de vraies difficultés pour les commerciaux et d'une perte substantielle de *pricing power.* Pour annoncer le prix (au départ) trois tactiques s'offrent à vous.

Les 3 tactiques d'annonce du prix

Pour découvrir les trois tactiques qui s'offrent à vous pour annoncer votre prix observons les diverses voies empruntées par les restaurateurs pour afficher le prix des plats proposés.

- La tactique du **juste prix**. Comme chacun sait les plats affichés sur une carte font l'objet d'un tarif détaillé. Dans ce cas, le consommateur décide des mets et de leur nombre en fonction de son appétit, de ses goûts, de leur teneur en calories et du budget qu'il entend consacrer à son repas. Le prix, en somme, lui est présenté en fonction de son besoin personnel et individuel.

1. Parmi les trois prix présentés au chapitre 9, il s'agit ici du prix prévu au tarif de l'entreprise.

- La tactique du **prix d'appel**. Il est bien rare que les restaurants ne proposent pas un ou deux menus de base, comprenant le plat du jour et au choix une entrée ou un dessert. Bien évidemment le vin est en sus, le service n'est pas inclus, café et pousse-café ne le sont pas davantage. Qu'importe. Le prix de départ est très attractif et offre l'opportunité de présenter une image d'hypercompétitivité. S'ensuit un grand nombre de clients, tout autant alléchés par l'odeur que par le prix affiché. L'addition réserve bien évidemment quelques surprises mais, « *Que voulez-vous, c'était si bien… un peu cher peut-être, mais bien !* »
- La tactique du **prix tout compris**. Las des immanquables plaintes que le prix d'appel entraîne, certains restaurateurs pratiquent le prix tout compris. Est entendue, dans les menus proposés, la totalité de la prestation comprenant les boissons, le café et le service. Prix affiché, prix payé.

Examinons de plus près ces trois tactiques d'annonce de prix.

La tactique du « juste prix »

La technique est simple. Elle consiste à analyser très en détail le besoin de votre interlocuteur. Ce travail accompli, il vous reste à lui proposer le prix correspondant exactement à ses attentes. Ni plus ni moins. Il est offert un grand choix aux clients, libre à eux de se décider au gré de leur portefeuille et de leurs souhaits. Chaque option avancée ne le sera qu'à l'aune de la pertinence du besoin mis au jour. Prenons l'exemple d'une complémentaire santé. Un questionnement précis permet de mettre au jour les risques encourus par l'adhérent et sa famille. Cette découverte faite, il ne serait pas pertinent de présenter, à une personne jeune, célibataire et bénéficiant d'une bonne vue, un meilleur remboursement en optique[1] !. Dans le même esprit un pharmacien sera intéressé par une formule qui exclut le remboursement des médicaments… Encore faut-il que le vendeur l'ait appréhendé afin de lui proposer le juste prix.

La tactique du « prix d'appel »

C'est la tactique des supermarchés ou encore du prix catalogue des tour-opérateurs. Le prix mis en avant est celui le plus bas possible, toutes saisons confondues. Notons que cette tactique est praticable pour des produits haut de gamme. C'est par exemple la tactique de Mercedes. Le tarif annoncé à ceux qui envisagent d'acquérir une voiture de cette marque est un montant sans option ni accessoire. C'est également la tactique des menus dits de base ou bien peu de choses sont prévues. L'avantage de cette façon de procéder est de pouvoir mettre en avant un prix très attractif et de dispenser une image de compétitivité. Ceci accroît le nombre d'acheteurs potentiellement intéressés qui, à défaut d'une offre alléchante, renonceraient. On offre ainsi un grand choix aux clients, libre à eux de se décider au gré de leur portefeuille et de leurs désirs. Or aucune vente ne se réalise sans contact, ne serait-il que virtuel avec Internet. Plus grand est le nombre de contacts, plus élevées sont les chances de vendre. Ce ne sont pas les produits qui font défaut aux commerciaux mais bien les opportunités d'entretien avec des acheteurs dont l'intérêt est suffisamment aiguisé pour passer à l'acte. Le prix d'appel

1. Pour améliorer votre savoir-faire en matière de diagnostic je recommande vivement la lecture de mon livre précité, *Faire signer ses clients*. L'amélioration des techniques de vente est un des meilleurs moyens d'augmenter son *pricing power*.

en est le moteur. À charge ensuite aux commerciaux d'exciter l'appétit de leurs interlocuteurs pour qu'ils se laissent tenter par quelques incontournables suppléments.

La tactique du « tout compris »

Comme son nom le présuppose, la tactique du tout compris consiste à approcher le problème du prix par le haut. Une liste complète d'accessoires et options est incluse dans le prix. Un constructeur automobile peut proposer ainsi ses voitures en incluant dans le prix annoncé les accessoires et options (sièges cuir, peinture métallisée, lecteur CD, équipement téléphonique, GPS, etc.). Cette méthode est parfaitement adaptée à la survenue d'une éventuelle, voire probable, négociation ultérieure. En effet, face à une demande de remise émanant d'un client, vous serez armé pour y répondre favorablement, avec pour contrepartie obligée pour votre acheteur de concéder la suppression de quelques options superflues… Ainsi ces options supprimées une à une, présentées comme des moins values possibles, viennent nourrir votre balance d'échange et vous donnent du grain à moudre. En bref, pratiquant de la sorte, vous parvenez à offrir au « juste prix » en élaguant, à partir d'un prix fort, successivement les options ou accessoires sans consentir de remise. Une belle manière d'autofinancer vos concessions…

Savoir choisir la bonne tactique d'annonce selon votre client

Quelle tactique d'annonce choisir ? Vous faut-il présenter le juste prix, un prix tout compris ou un prix d'appel ? La réponse à cette question, pour être judicieuse, dépend de votre vis-à-vis. Le chapitre qui suit est tout entier consacré à affiner votre perception des différents types de négociateurs et de leurs comportements spécifiques au regard de l'argent. Ici, je me contenterai d'observer l'existence de trois attitudes majeures des individus pour valoriser les choses et envisager d'en acquitter le prix.

- **La valorisation par le prix**. Certains acheteurs valorisent les biens et services qu'ils envisagent d'acheter par le prix lui-même. En clair, pour ceux-ci, plus cher est le produit, meilleur il est. Pour eux, quand il est dit qu'un produit « *vaut trois fois rien* », c'est qu'il ne vaut vraiment rien ! Si Louis Vuitton, Montblanc, Porsche ou Gucci venaient à baisser leur prix, ils perdraient *ipso facto* ce segment de clients qui valorisent les choses à due proportion du prix qu'ils les paient. Pour convaincre ces clients, laquelle des trois tactiques d'annonce du prix vous faut-il mettre en œuvre ? Soyez observateur. Si vous repérez une gourmette en or massif ou une Rolex au poignet de votre interlocuteur ou encore si vous avez le sentiment que votre prospect apprécie les belles choses, alors tentez votre chance et annoncez votre prix « **tout compris** ». Ces gens-là ne manquent pas d'argent et aiment le faire savoir ! Puisqu'ils valorisent les choses par leur prix, le prix fort est la meilleure voie. Toute autre approche est hasardeuse. Il vous restera ensuite à soustraire les options inopportunes pour adapter votre tarif aux besoins de votre interlocuteur.
- **La valorisation par l'économie**. Attitude inverse de la précédente, c'est l'attractivité du prix affiché qui valorise le produit dans l'esprit de ce type de clients. Pour ces consommateurs, moins c'est cher et plus c'est intéressant. Leur exclamation « *Ah ! c'est intéressant* », à l'annonce d'un prix modéré concernant le produit que vous leur proposez, met en exergue leur critère de décision. Ils confondent

attractivité du prix et intérêt du produit. La remise et les promotions les attirent. Leur mode de fonctionnement est aisément identifiable. Ils commencent par demander le prix de ce qu'ils envisagent d'acheter. Ils sont du genre « *à quatre pattes dans les rayons* » pour chercher les prix les plus bas ! Si vous leur mettez dans les mains deux produits, leur regard et leurs questions se portent spontanément sur le moins cher. S'il s'agit d'une solution ou d'un système plus technique, il passe au crible chaque option ou accessoire pour vérifier leur utilité. Avec ces clients-là, pas d'hésitation possible. Le « **prix d'appel** » s'impose. Une fois capté leur intérêt, il vous reste à vendre un à un les suppléments et options complémentaires. Bon courage !

- **La valorisation par le besoin**. Certaines personnes approchent l'achat d'un bien ou d'un service au travers de sa pertinence, tant au regard de l'usage qu'ils vont en faire que de l'intérêt intrinsèque que cette acquisition comporte pour elles. Dans leur démarche, tout indique qu'elles cherchent à se sécuriser quand au bien-fondé de l'investissement qu'elles envisagent de faire. *En ai-je besoin ? À quoi cela servira ou en quoi cela pourra m'être utile, ou lui être utile (pour un cadeau) ?* Pour trouver un accord tarifaire avec ces acheteurs une approche par « **le juste prix** » est incontournable. Ce sont des analytiques. Ils acceptent le principe de dépenser mais vérifient l'intérêt de le faire. Par conséquent, avec ce genre de clients, plus encore qu'avec tout autre, il est préalablement nécessaire d'investir une part importante de votre entretien pour découvrir leurs besoins, comprendre leurs problématiques et leurs motivations. Vous y puiserez un florilège d'informations pour adapter votre offre au besoin énoncé ainsi que de judicieux arguments pour démontrer les avantages et bénéfices des différentes composantes du produit que vous avez à proposer.

En résumé, en matière de prix, il est nécessaire de prendre du recul pour savoir comment vous allez présenter votre prix. Juste prix, prix d'appel ou tout compris, sachez emprunter la bonne tactique. Bien choisie, la tactique d'annonce vous procure l'opportunité de renforcer votre *pricing power* en évitant toute discussion. Pour cela elle doit concorder au système de valorisation de vos interlocuteurs. Les prix des options et accessoires que comportent vos produits deviennent en effet des variables d'adaptation à leur psychologie. Par le jeu d'ajouts, ou de retraits successifs, vous pouvez ainsi adapter votre offre aux exigences de vos clients et cela sans bourse délier.

Application à votre entreprise

Afin de présenter votre prix en bon ordre et en fonction des attentes et attitudes de vos divers interlocuteurs, il est indispensable d'arrêter vos trois approches du prix. En vous inspirant de l'exemple ci-après concernant un photocopieur, remplissez le tableau qui suit : « Concernant les solutions proposées à vos clients quelles sont les trois tactiques d'annonce de votre prix ? »

Illustration des 3 tactiques d'annonce de prix pour un photocopieur

	Module et options	Tarif et conditions public	Tactiques d'annonce du prix
1er	Total	**15 000 €**	◄ **Annonce tout compris**
2e	Garantie totale 2 ans	1 000 €	
3e	Agrafage automatique	500 €	◄ **Annonce juste prix** 15 000 – 1 000
4e	Fax	500 €	
5e	Connexion réseau	3 000 €	
6e	Plateforme seule numérique 30 pages/min	**10 000 €**	◄ **Annonce prix d'appel**

Concernant les solutions proposées à vos clients
quelles sont vos trois tactiques d'annonce de prix ?

	Module et options	Tarif et conditions public	Tactiques d'annonce du prix
Total		€	← Prix tout compris
Option 1		€	
Option 2		€	← Juste prix
Option 3		€	
Option 4		€	
Base		€	← Prix d'appel

Quatrième partie

Le face-à-face : sachez négocier prix et conditions avec vos clients

Malgré tous vos efforts, une remise est exigée. Vous entrez dans la phase active de la négociation, à l'image d'un *tennisman* qui pénètre sur le central de Roland-Garros pour une compétition de haut niveau.

Au cours de cette partie, nous apprendrons à juger rapidement du type de négociateur auquel nous avons affaire. Ainsi, serons-nous capables de nous adapter à ses attentes, ses comportements et ses préoccupations. Ceci optimisera nos chances de le séduire et d'obtenir son accord à de bonnes conditions. Nous saurons à cet effet comment limiter ses revendications et jugerons de l'intérêt d'apprécier l'ensemble de ses demandes. Nous ne traiterons alors que les points de désaccords négociables et prendrons bien soin d'écarter de la négociation tout autre point. De même, dans le but d'éviter de prendre des décisions hâtives et en revanche obtenir un accord plus aisément, nous réfléchirons à la manière de faire pression et de nous jouer de la pression. Il nous faudra également apprendre à déjouer les pièges qui nous sont tendus par les acheteurs et qui par bonheur sont souvent les mêmes. Les trucs et astuces du bon négociateur, afin de nous familiariser avec leur emploi et en tirer profit, ne seront pas oubliés. Cela fait, il nous restera à voir la bonne tactique de négociation et comment gérer efficacement nos concessions, afin d'optimiser l'usage de nos moyens d'échanges et de sortir avec un accord au minimum équilibré. Ce sera l'occasion de dresser un tableau des exigences et impératifs de chacun, seule manière de satisfaire les deux parties prenantes. Par ailleurs, nous étudierons comment conclure un accord durable et circonvenir les risques de remises en cause ultérieures, qui ruineraient *a posteriori* nos efforts. Enfin nous réfléchirons à la manière de gérer notre sortie, manière qui diffère selon que l'accord est conclu ou que l'on ait à faire face à un désaccord persistant.

Chapitre 13

Appréciez le type de négociateur auquel vous avez affaire

Ah ! S'il nous était donné de savoir à l'avance comment prendre nos interlocuteurs et ce qu'ils attendent de nous. Combien d'erreurs ou de bévues seraient évitées et avec elles, d'affaires conclues ! « *Il est comme ci et lui comme ça ! Fais attention il n'aime pas cela ! Si tu veux te le mettre dans la poche dis-lui que … Et puis-je te conseiller d'éviter de parler de ceci… Quant à lui, il déteste entendre cela…* » C'est pour répondre à ces préoccupations que je vais reprendre à mon compte un modèle d'interprétation et d'adaptation aux comportements et attentes d'autrui.

Il existe en effet un moyen de juger rapidement à quel genre d'individu nous avons affaire. Certes ce moyen, comme l'anecdote ci-dessus vous en persuade, n'est hélas pas infaillible. Disons qu'il offre la possibilité de tracer, simplement et rapidement, à grands traits, les caractéristiques de notre interlocuteur, réduisant ainsi les risques d'incompréhension coûteuse. Cette technique est éprouvée et son efficacité reconnue. Différents auteurs s'en sont fait les chantres. À telle enseigne que l'on ne sait plus trop qui en fut l'initiateur. Quoi qu'il en soit, je me suis inspiré (librement) de l'excellente présentation qu'en fait Learning International pour vous la décrire.

La méthode de repérage

Elle consiste à tenter de classer les négociateurs à partir de deux critères saillants et pertinents. Le premier est la part d'égocentrisme qui anime le négociateur. Le second est son degré, plus ou moins grand, d'extraversion.

Repérer le degré d'égocentrisme

À l'occasion d'une négociation, certains individus font montre d'un ego particulièrement prononcé. Disons qu'ils semblent s'attacher davantage à ce qu'ils entendent obtenir et à satisfaire à leurs objectifs plutôt que de s'intéresser à leurs vis-à-vis et à leurs contraintes. À l'opposé de cette attitude, l'on trouve des négociateurs très attentionnés à l'égard de leurs interlocuteurs. Ceux-ci sont plus soucieux d'une bonne relation que de satisfaire à leurs buts. Ce qu'ils souhaitent avant tout, c'est que les choses se passent bien pour les deux parties. Leur idéal, c'est la négociation gagnant/gagnant.

Bien évidemment, il existe tout un *continuum* d'attitudes entre les individus des deux extrêmes. Ces extrêmes se rencontrent d'ailleurs rarement à l'état pur. Certains même seront parfaitement équilibrés dans leur façon d'arbitrer entre satisfaire à leur but ou à celui des autres. Quoi qu'il en soit, il est aisé de porter sur un axe, qui servira de repère pour leur évaluation, ces différentes attitudes (fig. page 152).

Repérer le degré d'extraversion/introversion

Certaines personnes se présentent à nous comme ouvertes, franches, directes et spontanées. Elles pensent ce qu'elles disent et disent ce qu'elles pensent. Elles parlent aisément et contestent facilement. En bref on dira qu'elles sont plutôt de nature extravertie.

D'autres, *a contrario*, semblent plus fermées. Elles nous apparaissent plus réservées. Elles s'enthousiasment moins facilement ou, à tout le moins, ne montrent pas leurs états d'âme. Elles se montrent ainsi peu expressives. On les qualifie d'introverties.

Ici encore, nous retrouvons tout un *continuum*, que nous pouvons porter sur un second axe (cf. figure page 152), qui va de la totale extraversion (repérable par la logorrhée qu'elle entraîne) à la toute aussi absolue introversion (qui confine au mutisme).

À partir de ces deux axes il est possible de repérer, sur un graphique, 4 grands types de négociateurs que nous trouvons en clientèle et à l'étude desquels nous allons procéder.

Les 4 grands types de négociateurs

Nous obtenons par simple lecture du graphique de la page 152, les quatre grands types de négociateurs que nous sommes susceptibles de rencontrer en clientèle :

- les émotionnels
- les analytiques
- les dominants
- les facilitants

Des critiques, reproches ou soupçons sont parfois adressés à la méthode par quelques participants, et que l'on peut résumer ainsi : d'une part, toute classification revient à cataloguer les individus et, d'autre part, il est contraire à l'éthique d'une relation de la manipuler pour satisfaire à un objectif commercial. Sur le premier point je répondrai qu'il ne s'agit pas ici de cataloguer les individus et de les enfermer dans des *a priori*. Il ne s'agit pas davantage d'un jugement de valeur. Convenons simplement que chacun de ces types emprunte des attitudes, des comportements ou a des réactions qui lui sont spécifiques. Les connaître permet de s'y préparer, de s'y adapter en les anticipant et de limiter les maladresses qui pourraient s'avérer fatales au succès d'une négociation. Cette observation conduit à s'interroger sur le bien-fondé du second soupçon, portant sur la manipulation. S'agit-il de manipuler ? Je ne puis pas davantage souscrire à cette idée. Les clients ont besoin de nous pour se décider. Toute décision est budgétivore. En ce sens, tout achat l'est au détriment d'un autre. S'ajoute l'inquiétude de se tromper ou d'être trompé. On n'attrape pas des mouches avec du vinaigre. La vérité est que pour décider un client et le faire adhérer, il faut parfois user (sans abuser) de quelques stratagèmes. Quant à leur usage, il nous faut un filet *a priori* et un juge de paix *a posteriori*. Notre filet, c'est notre éthique de commercial, qui est de satisfaire notre client en toute circonstance. Notre juge de paix, c'est lui-même, quand il rend son jugement en la forme d'un remerciement (ou reconnaissance que nous lui avons fait faire une bonne affaire) ou des reproches qui nous désespèrent. Je suis conscient que ce que j'énonce là, contraste fortement avec la perception latino-chrétienne[1] que les clients (ou les

1. Je préfère le concept de latino-chrétien à celui de judéo-chrétien, dans la mesure où cette perception se trouve répandue dans les pays évangélisés et se retrouve moins facilement dans la culture juive.

administratifs et techniciens) ont de nous autres commerciaux et qui pourrait se résumer en quatre B : Baratineur, Bandit, Bordélique, et B...[1]

Revenons à la description de nos quatre types. Voyons ensemble comment estimer rapidement à quel genre notre interlocuteur appartient et comment nous y adapter pour négocier au mieux et éviter, autant que faire se peut, tout impair.

Les émotionnels

Par définition, les émotionnels sont plutôt timides voire réservés. Peu agressifs ou à l'agressivité rentrée, ils sont attachés à protéger la relation avec autrui (quelquefois pour la seule durée d'un éphémère entretien). Ils sont sensibles à l'être humain et s'intéressent à la face sociale, humanitaire ou encore psychologique des choses. Laisser s'exprimer les autres, les entendre, les comprendre et admettre leur point de vue, leur apparaît plus important que de les convaincre et les entraîner à partager leur conviction personnelle. Des convictions qui d'ailleurs, quand elles sont émises, sont toujours entourées de précautions oratoires visant à les relativiser. Ne pas froisser l'autre semble être leur leitmotiv. Par nature ils sont peu passionnés et n'expriment pas leurs émotions. Probablement pour mieux s'en défendre.

Peu pragmatiques et plutôt idéalistes, l'argent et ce qui s'y rapporte les intéressent peu. Au moins en apparence. Eux, plus que quiconque, ont cette vision latino-chrétienne du

1. Je laisse au lecteur le soin de poursuivre seul, gage de notre complicité et de sa bonne connaissance de notre métier.

commercial, dont par réflexe ils se méfient. Il s'ensuit des individus soupçonneux et donc lents à se décider parce que difficiles à convaincre.

Les 4 grands types de négociateurs rencontrés en clientèle

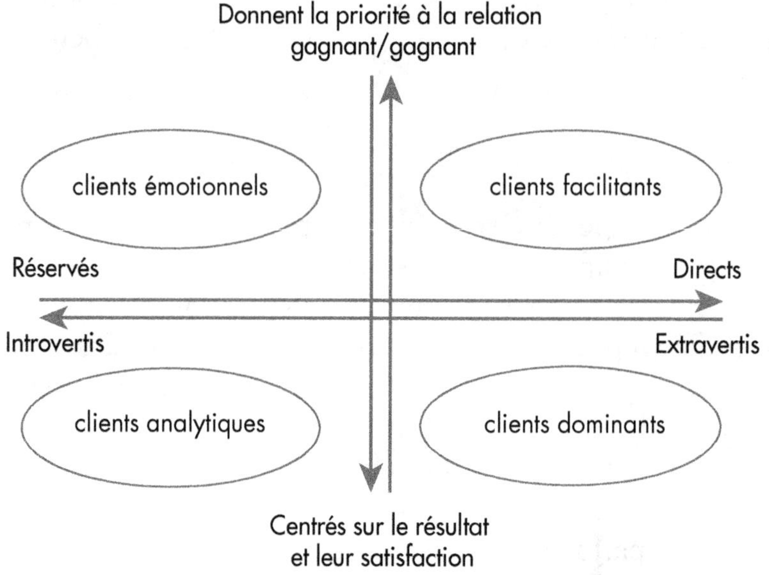

Comment pratiquer avec les émotionnels ?

« *Patience et longueur de temps font plus que force ni que rage.* » Le proverbe de notre bon La Fontaine est ici consacré. Travaillez davantage sur la relation que sur votre produit. Posez de nombreuses questions sur les besoins, les attentes et préoccupations profondes. Avancez lentement, pas à pas et ne montrez aucun autre signe d'intéressement ou d'empressement qu'en évoquant le vrai plaisir que vous auriez à ce qu'il essaie le produit que vous lui proposez pour son plus grand bien. En pratiquant ainsi vous éviterez d'être soupçonné. La réalité est souvent moins inquiétante que le fantasme[1]. Par nature ils sont sensibles au *donnant-donnant*, qui octroie une part du gâteau à chacun et va dans le sens de leur psychologie. Faites savoir que votre souhait est de trouver un accord, valable pour les deux parties. En résumé, soyez humain et empruntez une démarche très constructive et associative dont vous validerez le consensus à chaque étape.

Les analytiques

Il s'agit là d'un tout autre style comportemental. Mus en priorité par leurs intérêts dans la négociation, ils sont orientés vers la satisfaction de leur but. Une bonne relation avec le commercial pour eux ne compte pas. Elle est sans véritable attrait ! Plutôt introvertis, ils sont peu diserts. Ce qui ne les empêche pas de poser beaucoup de questions. Car ils sont souvent un peu anxieux, voire bilieux. S'ils sont appelés analytiques, c'est que le croisement des deux critères (ego et introversion) en fait des « intellectuels un peu pinailleurs ». Très attachés au détail, au comment des choses qui justifie à leurs yeux la certitude de l'obtention du résultat. Comme les émotionnels, ils sont soupçonneux. Alors que les émotionnels craignent d'être floués par l'autre (toujours la relation), les analytiques craignent de se tromper, que le résultat ne soit pas à la hauteur de leurs espoirs (le but, toujours le but). Rien d'étonnant aussi qu'ils soient très attentifs à la preuve. Véritables saint Thomas, il n'est pas étonnant qu'ils demandent

1. Avouer tout de go et une bonne fois pour toutes votre intérêt est infiniment mieux que des affirmations non crédibles du style « *C'est pour vous que je vous dis cela* » ou encore « *C'est dans votre intérêt* ». Les soupçons feraient immédiatement surface…

des démonstrations, des garanties supplémentaires en cas de dysfonctionnement ou encore revendiquent le droit d'annuler *a posteriori* le contrat s'ils ne sont pas satisfaits.

Comment pratiquer avec les analytiques ?

Le mieux est certainement d'être très précis, de s'efforcer en toute circonstance d'apporter la preuve de vos dires et de les rassurer. Répondez à leurs questions de façon détaillée. Dans le choix de vos arguments, faites en sorte de dégager le plus souvent possible les bénéfices qu'ils vont retirer tant de leur acquisition que d'une négociation réussie. Avec eux la négociation doit être examinée dans les moindres détails. Prix, délai, assurance, transport, emballage, contrat de maintenance, responsabilité en cas de panne, etc. Le moindre accroc risquerait d'être exploité ultérieurement. Par bonheur, ce sont eux qui exigeront avant de signer de tout écrire, puis tout lire. Ils ergoteront jusqu'au bout !

Les dominants

Ils sont aisément repérables. Ils ne sont pas appelés dominants sans quelques bonnes raisons ! Ils occupent souvent des postes de direction ou à tout le moins de responsabilité. Très attachés au résultat qu'ils entendent obtenir, ils vont droit au but. Ils s'intéressent d'abord à ce que procure le bien acheté et aux avantages et bénéfices qu'ils vont en retirer. En bref ce qu'ils vont obtenir en contrepartie du prix payé. Ils ne font pas de détail. Ils ont une vue globale et laissent les broutilles aux autres ou à vous-même, auxquels ils font facilement confiance. Ils ont besoin de diriger les choses et répugnent à les subir. Ils ne font pas beaucoup de place aux sentiments et pas davantage d'efforts pour vous comprendre. Se sentant forts, ils imaginent les autres à leur image, solides comme le roc et tournés vers leurs buts. L'obtention d'un accord qui soit bénéfique pour eux et qui leur donne satisfaction est prioritaire ; la relation, elle, est secondaire. Très souvent ils fixent leurs conditions et ce qu'ils entendent obtenir. C'est à prendre ou à laisser. À vous de décider.

Comment pratiquer avec les dominants ?

Pas faciles, les dominants. Disons qu'ils ont au moins le mérite de la clarté et d'exprimer ce qu'ils pensent. Le mieux est d'agir comme eux : parler franc et direct. Avec les dominants, rien ne sert de jouer sur le registre des sentiments. Ils n'y sont pas sensibles. N'hésitez pas à avoir vos exigences et à rechercher un compromis sur le partage des bénéfices. C'est le type de négociateur, qui, pour être affronté avec quelques chances de succès, nécessite d'être particulièrement préparé. Avec eux la seconde partie de ce livre prend une importance toute particulière. Avant d'entrer en scène, faites-vous des idées claires de vos niveaux d'aspirations et fourchettes d'accords possibles, des rapports de force et du pouvoir réel de l'interlocuteur dominant. Fort de cette bonne préparation, vous éviterez de vous laisser impressionner et tiendrez bon sur vos positions le moment venu. Le dominant n'aime pas céder, mais il apprécie force et courage. Et puis il sait compter… Il est pragmatique, soyez-le aussi !

Les facilitants

Ah ! Si tous nos clients étaient des facilitants notre métier serait grandement… facilité. Comme leur dénomination l'indique, ce sont tous ces individus qui sont très attachés à établir un sympathique contact avec les commerciaux. Démonstratifs, souvent joviaux et pleins d'humour, ils sont si attachés à nous séduire ou à se faire admettre qu'ils sont en quête permanente d'un accord. Ils sont aisément identifiables. Quand ils font une objection, ils vous avancent les réponses et avec elles l'argument qui leur est opposable ou auquel ils sont sensibles. Francs et directs, ouverts et conviviaux, ils négocient souvent à l'affectif. C'est l'amitié qui les guide. Associé à leur extraversion, elle les conduit à libérer leurs émotions, à les exprimer. Ce que les émotionnels, introvertis, ne savent pas faire, eux le peuvent. Ils sont réguliers et entendent que vous le soyez en retour. Confiance, amitié, réciprocité sont leurs maîtres mots.

Comment pratiquer avec les Facilitants ?

Ils sont sans grand problème. Ils s'entendent avec tous et sont souples, compréhensifs, communiquant facilement, ils sont à l'image de nombreux commerciaux à l'aise dans leurs relations avec autrui. Alors soyez comme eux. Prenez garde toutefois à ne pas leur voler la vedette et à les battre sur leur propre terrain. Reconnaissez-les, donnez-leur l'impression d'un traitement privilégié et prenez garde à ce que ne se cache pas, derrière une façade très sociable, un redoutable négociateur, magicien de l'embrouille…

Et vous, à quel type de négociateurs appartenez-vous ?

Savoir apprécier l'autre est important mais ne dispense pas, bien au contraire, de se connaître soi-même. Prendre en compte son appartenance à un type donné de négociateurs oriente et facilite grandement la relation à la poursuite de l'objectif convoité. Si vous êtes vous-même orienté vers la relation aux autres et privilégiez l'harmonie et l'entente avec vos clients plutôt que l'obtention prioritaire de vos objectifs, soyez vigilant. N'ayez pas trop d'états d'âme. Imposer à un client des prix et le soumettre à vos conditions générales de vente n'a rien d'intolérable pour lui. Apprenez à dire « non » et vous constaterez avec bonheur que votre relation en sortira grandie. Par quel miracle, vous demandez-vous ? Celui que fait le respect que vous imposerez à cette occasion à vos clients.

Si votre nature vous conduit à donner priorité à vos buts et à votre performance et à la satisfaction de vos objectifs, c'est bien. Faites attention toutefois à ne pas vous conduire en tueur. Ces vendeurs qui sont sans foi ni loi et qui, obsédés par la prise de commande, en viennent à mépriser leurs clients.

Trop extraverti ? Prenez du recul, soyez moins spontané. Écoutez vos clients et concentrez-vous. Vous améliorerez votre performance dans vos négociations en tenant votre langue et en déliant celle de votre interlocuteur.

Émotionnel ? Ne vous entêtez pas, il vous est peut-être possible de changer de métier…

Chapitre 14

La négociation commence, prenez un bon départ

Patatras ! Les choses se compliquent. Votre interlocuteur insiste pour obtenir une remise ! Pourtant vous avez mis en place tous les tirs de barrage présentés jusqu'ici :

1. Vous avez refusé de remettre votre prix sans l'examen préalable de son besoin.
2. Vous avez sollicité de votre client l'autorisation de lui poser des questions pour comprendre et valider ce besoin.
3. Vous lui avez ensuite présenté votre prix, sans émotion, en enchaînant sur la satisfaction des bénéfices recherchés, en globalisant votre offre ou en mettant en perspective votre prix. Rien n'y a fait ! Il vous a rétorqué : « *C'est cher.* »
4. À ce stade, vous avez eu le bon réflexe de lui demander : « *Qu'est-ce qui vous fait dire que c'est cher ?* » Il vous a alors expliqué que votre concurrent offrait un matériel moins cher, à peu près similaire, peut-être un peu moins performant, mais suffisant pour satisfaire son besoin.
5. Vous avez alors sorti le grand jeu, la justification de votre écart de prix par la mise en exergue de votre produit subliminal, cette qualité particulière qu'il perçoit (s'il achète), mais n'aperçoit pas. À ce point, il faut vous rendre à l'évidence.

Probablement avez-vous affaire à un dur ! Vous ne pouvez dès lors plus vous dérober. Il va vous falloir monter au créneau et consentir à négocier…

Pour perfectionner les commerciaux à la négociation, nous les entraînons activement, au cours de nos stages, à l'aide de vidéos et de divers jeux de rôle, à cet art difficile. Ici, je vais tenter de vous faire accéder à la maîtrise de quelques-unes des méthodes et astuces que nous leur enseignons. La première, et non la moindre, est de commencer par prendre un bon départ. C'est l'objet de ce chapitre.

Il m'a été donné l'occasion de vivre les dégâts irréversibles que peut produire un mauvais départ dans une négociation. Je dirigeais une équipe de vente dans le monde de la décoration. Nous avions mis au point un concept très original de *merchandising* que nous proposions aux magasins spécialisés. En l'espèce notre concept mettait en valeur des produits de décoration. Discutant d'une implantation et de ses conditions, un de mes vendeurs eut maille à partir avec le directeur d'un magasin franchisé, qu'il tentait de convaincre d'adopter notre système de présentation et nos produits, qui allaient bien évidemment avec. Ce prospect, dans l'espoir d'obtenir des avantages supplémentaires, arguait m'avoir joint par téléphone et obtenu quelques promesses de conditions spéciales de ma part. Déstabilisé, le vendeur, loin de se douter que son interlocuteur prêchait le faux espérant découvrir le vrai, se montra hésitant et un peu décontenancé. Puis il fit l'erreur de rétorquer que j'étais seul à pouvoir décider de conditions particulières. Il n'en fallut pas davantage pour ancrer dans l'esprit du directeur de ce magasin que la tarification de notre entreprise était faite à la tête du client. Enfin, circonstance aggravante, il apparut au client que la bonne manière de négocier avec notre entreprise était d'établir une relation directe avec son management. L'épilogue de cette triste affaire fut d'être tout simplement radié du référencement organisé au niveau national ! Ce jour-là, quarante magasins s'évaporèrent de notre plan de vente…

Quelques ultimes précautions avant de démarrer

Faites préalablement le tour de toutes les demandes

Commencer à négocier avant d'avoir effectué une analyse complète des demandes de votre client serait en effet une hérésie. Prix, frais de port, délai de paiement, etc. sont les contreparties à la satisfaction d'un besoin. Selon qu'il est impérieux ou non, urgent ou pas, important ou modeste, le besoin mis à jour par l'analyse et le questionnement va permettre de définir les conditions cibles. Elles sont les conditions optimales et propres à séduire notre client. Elles placent le curseur de votre proposition d'ouverture au bon endroit sur votre fourchette d'accords possibles. Pour illustrer notre propos, prenons l'exemple des transporteurs. Ceux-ci disposent d'une grille tarifaire préétablie, composée en règle générale d'une bonne dizaine de colonnes. En fonction du secteur et du tonnage pressenti de son interlocuteur, le chargé clientèle transport va se prononcer sur une fourchette d'accords possibles (par exemple colonne D, E ou F). Partant, il va faire le tour de toutes les demandes avec son prospect. Après l'avoir entendu, il arrêtera alors les conditions cibles appropriées (par exemple colonne E du tarif).

Et puis, faire un tour préalable de toutes les demandes prémunit contre la tactique des petits pas. Pratique prêtée aux Asiatiques, elle s'apparente au supplice du goutte à goutte. Il s'agit de revendications présentées une à une. Par elles-mêmes, la plupart des revendications adressées par nos clients n'est pas de nature à nous braquer. Quoi de plus naturel qu'une remise, un franco ou un escompte ? Fort de cette science, l'acheteur présente chacune d'elles comme une demande unique qui vaudra commande pour peu que l'on y ouvre droit. Cette ouverture faite, nous sommes invités à une autre, puis une autre et une autre encore…

Attendez que les demandes s'expriment

À l'instar de certaines courses de vélo sur piste, prendre un bon départ nécessite de laisser partir ses adversaires en premier, afin de se mettre dans leur roue et se faire aspirer par eux. On pourrait tout aussi bien dire que voir sans être vu est la marque des grands tacticiens. Il en va de même dans les négociations. C'est dire qu'il revient au client de prendre la tête des opérations et d'exprimer ses demandes. Il est bien assez grand pour cela. À défaut, point de discussion et donc pas de conditions particulières. Les prix sont les prix ! Tenez-vous en strictement aux conditions générales de vente, remisez au placard offre avantageuse, promotion alléchante, remise complémentaire non prévue au tarif. Sinon le risque est grand d'ouvrir une brèche dans laquelle l'acheteur, savant négociateur, saura s'engouffrer tout entier. Au fond c'est une manière de respecter votre client que de lui laisser le libre arbitre de ses revendications. À l'inverse, concéder trop vite génère une perte de crédibilité et entraîne la revendication. Un bon produit n'a nullement besoin de faire l'objet de remise pour être vendu. Les plus grandes marques ont compris depuis des lustres que c'est aussi bien le prix qui fait la qualité que la qualité qui fait le prix.

Mettez à plat les objectifs de chacun

Dans une négociation, il est indispensable de bien connaître les objectifs de chacun. Sans cela les chances de rapprocher les points de vue sont minces. C'est au travers d'un faisceau de questions que vous allez pouvoir éclairer les attentes de vos vis-à-vis. S'agissant d'un client, par exemple, pourquoi a-t-il demandé au chargé de clientèle de passer ? Pourquoi est-il entré dans le magasin ? Pourquoi s'intéresse-t-il à ce matériel informatique ? Pourquoi veut-il changer son imprimante ? Pourquoi son télécopieur ne le satisfait-il pas ? Percer ainsi ses buts, c'est permettre d'imaginer et de lui présenter des solutions possibles et satisfaisantes. La réponse à ces questions va permettre de concilier les attentes (satisfactions diverses) du prospect et celles du commercial.

Cernez l'importance des enjeux pour votre interlocuteur

Sachez apprécier les enjeux pour votre client et les bénéfices qui vont être retirés par lui d'une négociation réussie. Déterminez quelles pertes risquent de subir l'acheteur en cas de non-accord. Cette appréciation ressort directement de celle de son besoin (ou de celui de l'utilisateur pour lequel il œuvre) et de la nécessité qu'il a de le satisfaire. Que perd-il en cas de non-satisfaction ? Quels inconvénients ou difficultés seront les siennes si l'affaire ne se conclue pas ?

Ouvrez en plaçant haut la barre

Comme au poker, la question ici est de savoir à combien on ouvre…

Ayez des exigences initiales élevées

La règle d'or pour limiter les revendications et prendre ainsi un bon départ est d'avoir des exigences initiales élevées. Nous y reviendrons. Contentons-nous ici d'observer que l'espace de liberté du vendeur est de disposer d'os à donner à ronger à son interlocuteur. Pouvoir avancer des prix élevés, des conditions de paiement draconiennes, des quantités minimales importantes, un seuil de franco conséquent, un conditionnement corsé, etc. C'est autant de marge de manœuvre, de lest à lâcher et de chance d'aboutir dans des conditions finalement favorables. Sans tomber dans le même excès, prenons exemple sur les pratiques des vendeurs des souks de Marrakech, grands maîtres de la proposition d'ouverture élevée…

Clarifiez l'objet de la négociation

Il est nécessaire de définir clairement l'objet de la négociation. Toute négociation a pour vocation de se mettre d'accord. Pour ce faire, encore faut-il dresser un catalogue qui met en lumière les points d'accord et de désaccord. Ce catalogue arrêté, il n'est pas inutile d'opérer un classement, par ordre croissant de difficultés. Les points d'accord entérinés, on aura la sage précaution de commencer à négocier sur les points où le désaccord est moindre, pour terminer par les plus délicats. On évitera ainsi de se bloquer inutilement. Chaque point traité va permettre de trouver une position d'équilibre entre les désirs des deux protagonistes. Un nouveau pas vers la solution et le règlement global du problème sera fait à cette occasion. Chaque nouveau pas sera un peu plus difficile et cela en raison de l'importance croissante des désaccords. Mais à l'inverse, l'un et l'autre s'appuieront sur leur confiance d'aboutir qui se renforcera au fur et à mesure des accords trouvés. Ils parviendront alors à résoudre leurs désaccords profonds. À l'opposé, prendre le risque de commencer par négocier sur les désaccords profonds peut conduire à des blocages irrémédiables.

Sur quoi peut-on ne pas être d'accord avec autrui ? Les théoriciens de la négociation conviennent que le phénomène de désaccord provient généralement de trois sources. Une première source porte sur l'interprétation « des faits ». Il s'agit là de tout ce qui est réel, matériel et qui conduit les individus à ne pas voir les choses de la même façon et ceci sans que l'un ou l'autre puisse valablement prétendre avoir raison. La deuxième source de désaccord est tout ce qui touche « aux opinions ». Deux protagonistes peuvent ne pas partager la même opinion, qu'elle soit philosophique, religieuse, politique. La dernière source de désaccord réside dans « les sentiments ». Chacun peut aimer ou ne pas aimer telle idée, chose, être, ou pensée.

Il est toujours possible de discuter, d'échanger sur les opinions et les sentiments. Cela meuble les dîners en ville. Pour autant, on ne saurait négocier que sur les faits. Négocier, c'est trouver un compromis. On ne saurait trouver un compromis que sur des faits.

Traiter les désaccords nécessite donc d'identifier clairement les faits et tout particulièrement les origines des désaccords portant sur ces faits. Plus on cernera clairement les ressorts du désaccord de notre interlocuteur, plus grandes seront nos chances d'offrir des solutions bien adaptées et propres à réduire les divergences. Prenons un exemple. Le déficit de la

Sécurité sociale est un fait. C'est une situation incontestable. Quant à comprendre et à en expliquer les causes, les différentes parties prenantes ont des interprétations différentes. La recherche et l'interprétation des causes sont génératrices de désaccords profonds entre les différentes parties prenantes. Les médecins refusent d'y voir une prescription exagérée de leur part, les patients un taux de remboursement trop élevé, les fonctionnaires une mauvaise gestion des fonds publics. Quant à eux, les salariés et les entreprises, refusent d'y voir l'insuffisance de leurs cotisations. Pourquoi de telles divergences ? La vérité est que, dans chaque analyse de cause, il y a deux éléments. Premièrement, une mise en accusation. Qui est responsable de cet état de fait ? Cette recherche frénétique de culpabilité limite les chances de trouver un accord. Deuxièmement, une invitation à réparer. Et qui doit réparer ? Le responsable, bien sûr ! La boucle est bouclée. Le responsable sera sanctionné. S'ensuit le jeu de cache-cache « *Ce n'est pas moi, c'est l'autre* ». C'est pourquoi, comprendre les causes est peu adapté au traitement des racines du mal mais sert seulement à les comprendre. L'interprétation des causes sera souvent sujette à caution, à désaccord et à divergence. Pour traiter positivement les points de désaccord, il est préférable de s'intéresser davantage aux conséquences des choses qu'à leurs origines. En l'espèce, pour la Sécurité sociale, les chances de trouver un accord sont plus grandes dans la recherche des conséquences qu'engendrent les déficits, sur les avantages que tous retireraient de leur résorption et la voie qu'il faut emprunter pour y parvenir. Au fond, si la recherche des causes permet de comprendre les difficultés et buts de l'autre, celle des conséquences aide à tomber d'accord avec lui.

Limitez les revendications, au départ

En matière de négociation, l'erreur fréquemment commise par les commerciaux est de ne pas savoir adopter une attitude nette et précise quant aux conditions tarifaires. Tout bien observé, les acheteurs sont tenaillés par une inquiétude et un désir. L'inquiétude légitime des acheteurs est celle de payer plus cher, qu'il ne le devrait, le produit convoité. Son désir, *a contrario*, est de pouvoir se prévaloir de conditions privilégiées obtenues par lui seul, preuve de sa capacité à négocier mieux que quiconque. On comprend mieux la nécessité de présenter les conditions générales de vente avec la fermeté de celui qui sait que celles-ci sont les mêmes pour tous et ne sont pas discutables !

Une telle attitude est propice à limiter les revendications. Laisser planer un doute, une ambiguïté, génère des revendications. Hésitation, raclement de gorge, propos imprécis, ou simplement quelques locutions ou attitudes exprimant le manque d'assurance suffisent à savoir d'emblée que les conditions avancées sont discutables. Au besoin, l'acheteur froncera les sourcils et d'une moue dubitative, imposera un recul au vendeur. Peut-être avancera-t-il connaître tel ou tel, confrère ou ami, qui a bénéficié d'avantages particuliers. Lui demander nom et coordonnées de ce fantôme est peine perdue. Il ne dira rien, arguant de devoir le protéger.

Bon acteur, bon vendeur ! En réponse à toute demande de faveur jouez l'étonnement, feignez la surprise, voire l'indignation qui vaut désapprobation. De toute façon, ne réagissez pas à la première demande. Faites celui qui n'a rien entendu. Vous en découragerez plus d'un. Le plus difficile pour un acheteur non expérimenté est certainement d'entraîner le vendeur dans une discussion sur des conditions. Alors n'ouvrez pas la porte. Avant d'ouvrir droit à toute demande, différez votre réponse. Défiez-vous de votre désir du tout, tout de suite. Je lui dis « *Oui* » et il me passera commande, pensez-vous. Il n'en est rien. Vous lui dites « *Oui* » et il vous demandera autre chose. Il serait bien timide de ne pas le faire. « *Cela ne coûte rien de demander.* » En répondant sans délai, vous normalisez la demande et en rendez d'autres possibles. Pour développer votre *pricing power*, il vous faut apprendre à dire « *NON* » !

Chapitre 15

Les bons mots pour entamer une négociation gagnante

Les exemples et illustrations valent souvent mieux que de longs écrits pour clarifier les idées et mettre en ordre les acquis. Voici un script commenté d'un entretien de vente idéal mettant en jeu le prix.

Déroulé idéal d'un dialogue client/vendeur	Commentaires
(le client) *Bonjour, puis-je avoir le prix de cet équipement*[a] *?*	Commencez par faire diversion pour éviter de parler trop vite du prix. L'analyse et la reconnaissance du besoin d'abord, le prix ensuite !
(le vendeur) *Bien sûr, je vais vous le donner. C'est un super produit, vous avez bien raison. Afin de pouvoir vous répondre sur le sujet du prix j'ai besoin d'en savoir un peu plus. Vous m'autorisez à vous poser quelques questions ?*	Éveillez l'intérêt de votre client et demandez-lui l'autorisation de poser des questions. Cela vous permet de prendre élégamment le pouvoir de diriger l'entretien, dans l'ordre qui vous convient.
(le client) *Allez-y.*	Posez alors des questions sur les raisons qui le conduisent à s'intéresser à ce produit.
	Faites abondamment développer. Plus vous vous intéresserez à son projet ou à ses difficultés, plus sa confiance en vous grandira et sa certitude d'être compris lui fera accepter vos préconisations.

Déroulé idéal d'un dialogue client/vendeur	Commentaires
(le client) *En fait je cherche…* (**bref exposé de son besoin par le client**)	
(Le client revient rapidement à la charge) *Tout ceci ne me donne pas le prix…*	
(le vendeur) *Je vais vous donner un ordre de grandeur… Dès que j'en saurai un peu plus je pourrai vous remettre un prix très précis.* (**Énoncé du prix.**) *Cela correspond-il à ce que vous aviez prévu ?*	Ne différez pas davantage l'annonce du prix. Le client deviendrait soupçonneux et pourrait en être irrité. À ce stade, c'est celui de **faisabilité** que recherche votre client. Un ordre de grandeur ou un prix *a minima* suffit le plus souvent à calmer ses inquiétudes.
(Le client) *Ce n'est pas donné ! Parlez-moi tout de même de votre produit.*	
(Le vendeur) *Volontiers. Auparavant j'ai encore besoin de comprendre l'usage que vous allez en faire. Puis-je vous poser encore quelques questions ?*	Approfondissez encore le besoin de votre client. Plus vous passerez de temps sur le projet de votre client plus vos chances de lui vendre le produit seront élevées. Recherchez ses motivations, ses préoccupations, ses desseins. Mettez au jour les avantages et bénéfices qu'il compte retirer de son achat. Vous y puiserez de nombreux arguments[b].
(le client) *Passons aux choses sérieuses. Combien ça coûte ?*	
(Le vendeur) *Avant de parler argent, dites-moi, votre choix est-il fait ? Êtes-vous convaincu ?*	Pas d'annonce de prix sans reconnaissance du désir d'acheter.
(Le client) *Oui, sous réserve du prix !*	

Déroulé idéal d'un dialogue client/vendeur	Commentaires
(Le vendeur) *Pour résoudre votre problème de… (ou satisfaire votre souhait), il vous faut simplement investir X euros. Qu'en pensez-vous ?*	Présentez alors le **prix catalogue** (dit encore tarif public) sans remise aucune ni condition particulière. Associez à votre énoncé les bénéfices recherchés et retirés par le client ainsi que tous les éléments constitutifs du prix.
(Le client) *Bon je vais voir. Je vais faire un comparatif…*	
(Le vendeur) *Nous sommes particulièrement bien placés sur ce produit. Je ne pense pas que vous puissiez trouver moins cher ailleurs.*	**Rassurez** votre client en vous montrant sûr de votre compétitivité. Si vous n'en êtes pas sûr vous-même comment votre interlocuteur pourrait-il en être convaincu ?
(**Le vendeur doit alors faire silence et regarder le client bien en face. Il ne doit consentir à prendre la parole qu'après que son client ait fait choix de parler.**)	Ce moment de silence est une des clefs du succès. S'il est pénible au vendeur, force est de convenir qu'il l'est plus encore pour le client. Quoi qu'il en soit, accrochez-vous à cette idée que le premier qui rompt le silence a perdu !
(Le client rompt le silence) *Je trouve cela cher !*	
(Le vendeur) *Qu'est-ce qui vous fait dire que c'est cher ?*	Cf. chapitre 11 « Comment répondre à l'objection "*C'est cher !*" »
(Le client) *Bon, que me faites-vous comme remise ?*	
(Le vendeur en **B to B**) *Où en êtes-vous dans votre décision ? Je veux dire, si nous trouvons un accord sur le prix est-ce que je pars avec une commande signée* (ou avec votre accord) ?	Pas de remise sans engagement d'achat. Faites valoir au client que vous ne pouvez consentir à baisser votre prix qu'en contrepartie de sa décision d'achat !

Déroulé idéal d'un dialogue client/vendeur	Commentaires
(Le vendeur en **B to C**) *Avez-vous votre carnet de chèques ou tout autre moyen de paiement sur vous ? Je veux dire, si nous trouvons un accord sur le prix êtes-vous prêt à vous décider maintenant ?*	L'engagement d'un particulier a généralement moins de force, et partant moins de valeur, que celle d'un professionnel (image du professionnel oblige). En B to C, solliciter vos clients sur le mode de paiement est plus pertinent.
(Le client) *J'ai besoin de connaître votre prix pour me décider !*	Réaction fréquemment observée. Refusez cette logique et faites valoir la vôtre.
(Le vendeur) *Je vous comprends bien. En retour comprenez-moi. Le prix vous le connaissez, je vous l'ai remis. Lui ne bougera pas ! En revanche, je peux consentir à une remise sur ce prix en contrepartie de votre décision d'achat. C'est votre décision que « j'achète » en vous faisant bénéficier d'une remise. Alors,* (**avec un grand sourire**) *si nous trouvons un accord sur le prix êtes-vous prêt à vous décider maintenant ?*	Ne lâchez pas ! « *Un lâcheur ne gagne jamais, un gagneur ne lâche jamais !* » disait George Fischer[c]. Si votre client refuse de s'engager ne donnez pas votre dernier prix. Pas de remise sans contrepartie d'achat !

a. Les clients commencent souvent les entretiens par le prix. Cela leur donne du pouvoir et leur évite d'avoir à s'engager. Sur ce sujet le lecteur trouvera d'amples développements dans mon livre *Les commerciaux descendent de Cupidon et leurs clients de Vénus*, Paris, Éditions Maxima, 2008.

b. Sur ce sujet le lecteur peut utilement se reporter à mon livre *Faire signer ses clients*, Paris, Eyrolles, 2009.

c. Célèbre entraîneur de l'équipe nationale américaine de basket.

La garantie de bonne fin obtenue, vous pouvez entrer en négociation avec un fort potentiel de réussite. À défaut de cette garantie, mettez fin à votre entretien de vente sans offrir ni avantage ni remise. Contentez-vous de faire miroiter à votre interlocuteur que s'il vient à se raviser, son tour de la concurrence accompli, il bénéficiera en ce cas d'un prix tout à fait exceptionnel… Cette promesse vous engage à bien peu de chose. Cette façon de pratiquer vous évitera d'abaisser votre prix sans contrepartie et vous procurera une réelle chance de revoir votre interlocuteur, alléché par l'espoir de la baisse de prix promise. Vous vérifierez ainsi ce vieil adage : *« Souvent le dernier vendeur qui parle a raison du client ! »*

Chapitre 16

Faire pression et vous jouer de la pression

En guise d'introduction à ce chapitre, j'emprunte à Philippe Korda, la savoureuse histoire suivante[1].

«Le directeur des achats d'une importante entreprise de négoce de produits destinés à l'agriculture recevait le représentant d'un de ses principaux fournisseurs de produits phytosanitaires. Il s'agissait de négocier les conditions commerciales pour l'année à venir : volumes, calendrier, promotions, mais surtout ristourne de fin d'année. Ayant obtenu 10,5 % l'année précédente et prévoyant un accroissement du courant d'affaires, le directeur des achats s'était fixé pour objectif de porter cette ristourne à 12 % à l'occasion de cette négociation. Le vendeur présenta d'abord un bilan de la collaboration des deux entreprises au cours de l'année écoulée. Puis il présenta une proposition de conditions commerciales qui fit bondir l'acheteur. En effet, tout en maintenant le niveau de ristourne à 10,5 %, il proposait de verser cette ristourne sous forme de produits fongicides. L'acheteur jugea cette proposition « grotesque et inacceptable » : les ristournes annuelles devaient, selon lui, être versées sous forme de chèque le 15 janvier, il n'y avait rien à changer à cela. Le fournisseur expliqua alors dans le détail sa politique commerciale et l'importance stratégique des

1. Philippe Korda, *Vendre et défendre ses marges*, Paris, Éditions Dunod, 1994, pages 64 et 65.

produits fongicides sur le marché. Il refusa toute concession sur ce point. Après plus de trois quarts d'heure de négociation, l'acheteur explosa : « J'en ai assez de vos arguments qui n'en sont pas ! Arrêtons-nous là pour aujourd'hui, et revenez avec une proposition sérieuse, ou je serai obligé de cesser toute relation commerciale avec votre société… » Le vendeur accepta alors d'assouplir sa position. La ristourne pourrait être valable non seulement sous forme de fongicides, mais également sous la forme de tous les autres produits de la gamme du fournisseur. L'acheteur refusa encore, et la négociation était très proche de la rupture quand le vendeur sembla « craquer » […] Il expliqua qu'à la condition de maintenir le taux de ristourne à 10,5 %, il était prêt, pour préserver la relation commerciale, à prendre la décision exceptionnelle de revenir au système de la ristourne sous forme de chèque. L'acheteur tenta d'obtenir un taux de ristourne plus élevé, mais accepta finalement la proposition du vendeur. »

Qu'est-ce que la pression et d'où provient-elle ?

La pression est une force qui s'exerce sur les individus. Dans notre bas monde toute chose est, soit donnée, soit reçue. Il en est ainsi de la pression. On peut subir la pression ou faire pression sur notre entourage. La pression est donc une énergie motrice qui va conduire les individus à changer de position ou à faire évoluer leurs positions dans une négociation. De là l'intérêt de bien connaître les mécanismes de la pression, de savoir la maîtriser, l'exercer et s'en défendre.

Tout d'abord, d'où provient la pression ? En fait, c'est quand la peur de perdre ou celle de ne pas gagner nous envahit, qu'apparaît la pression. De là sa propension à varier à due proportion de la peur de perdre et partant de l'enjeu, c'est-à-dire de la mise… Autrement dit, plus l'enjeu est important aux yeux d'un négociateur et plus grande est la pression ressentie. Ce phénomène est bien connu des grands champions qui, mieux que quiconque, savent que plus la compétition est importante, plus grande est leur angoisse de ne pas être au niveau pour remporter la victoire.

La pression est un moyen d'obtenir un avantage décisif

Plus la crainte de perdre est importante, plus la pression augmente. En ce sens, la pression est négative. C'est l'art de s'en défendre, de la surmonter qui crée de sublimes accomplissements et un dépassement de l'individu. En ce sens la pression est positive. Et cela est vrai pour les deux protagonistes, qu'ils soient acheteurs ou vendeurs. Pour comprendre le mécanisme de la pression il faut donc appréhender l'enjeu sous l'angle de ce qui est à perdre et non à gagner. Quand le désir de gagner prend le dessus, la motivation augmente et la pression baisse. En revanche, si la peur de perdre vous habite, alors vous jouerez vos atouts pour ne pas perdre. En séminaire, un jeu nous permet de prendre conscience de ce phénomène et de tenter de le maîtriser. Ici ce jeu n'a pas sa place. C'est la limite d'un livre. Pour vous aider à toucher du doigt la pression et ses effets, observez-vous quand vous servez au tennis pour un point déterminant ou encore au golf, quand parvenu au trou 18, vous puttez pour réussir à jouer tout juste votre index…

Que peuvent perdre acheteur et vendeur ?

La question est d'importance car le propre d'un négociateur est de faire imaginer à l'autre que lui n'a rien à perdre ! Ceci est bien sûr illusoire.

L'acheteur lui, prend le risque de s'aliéner un fournisseur, passer à côté d'un produit qu'il convoitait et par le défaut de satisfaction de son besoin, de devoir faire face, tout seul, à un problème non résolu. Le vendeur quant à lui, perdra peut-être un client, une commande, un objectif de chiffre d'affaires, la prime qui y est attachée ou, tout simplement, son temps.

Et puisque la pression varie en proportion de la crainte de perdre, cela en fait un excellent moyen pour sonder l'autre et apprécier combien lui importe d'obtenir satisfaction. Ici, la communication non verbale est de première importance. La pression est le véritable thermomètre du besoin réel de votre interlocuteur. Observez bien ses réactions et vous saurez s'il ressent une pression quelconque. Ce faisant, vous en déduirez à juste raison qu'il a quelque chose à perdre. Restera à découvrir quoi…

Quels sont les moyens de pression ?

Côté acheteur

Les moyens de pression à la disposition des clients, qu'ils soient acheteurs ou utilisateurs, sont nombreux. Les connaître permet de mieux les maîtriser, tant il est vrai qu'« *un homme averti en vaut deux* » !

La négation de l'urgence. Des phrases sibyllines du genre « *Je ne suis pas pressé…* » ou « *Je vous interrogeais juste pour me renseigner… Je verrai cela plus tard…* », et d'autres encore sont autant de façons de nier le besoin, de le diluer dans le temps et d'échapper ainsi à notre emprise. Pourtant, qu'un prospect daigne nous recevoir est déjà, par quelques côtés, un premier signal d'achat. L'entrée en négociation en est un autre… Ne nous laissons pas impressionner par de telles facéties.

Le report de décision. Cette attitude dilatoire est fréquemment observée en milieu industriel ou dans la vente de services aux entreprises. Les commerciaux sont en effet souvent astreints par les acheteurs à répondre rapidement pour résoudre un besoin et faire face à l'urgence. Pour y déférer, ils font feu de tout bois, multiplient les démarches, pressent leur entreprise, portent les devis eux-mêmes et rendent grâce au fax et aux e-mails d'exister. Las, rien n'y fait. L'offre faite, la décision est presque invariablement reportée. Ce qui était hier si pressé, aujourd'hui ne l'est plus et de loin en loin le client reporte sa décision. Or, si l'urgence fait monter les prix, reconnaissons que le report a tendance à les faire baisser…

Comment y répondre ? Tout simplement en cherchant ce qui bloque. Le blocage est une occasion formidable pour lever un peu plus le voile que la pudeur, la discrétion ou le mystère déposent sur les besoins de notre clientèle. Transformez cette objection en questions afin de mettre au jour la préoccupation ou la difficulté éventuelle qui se dissimule derrière elle ou tout simplement en avançant une proposition d'explication, que votre interlocuteur validera ou rejettera, pour justifier son indécision.

La concurrence. Comme beaucoup de commerciaux je prends plaisir à être de l'autre côté de la barrière, celle de l'acheteur. Il est arrivé ainsi que je sois amené à devoir négocier en toute hâte avec un imprimeur, afin de remettre à mon équipe une documentation. Manquant de temps, un seul fournisseur fut sollicité. Afin d'obtenir une remise sur le devis présenté, je fis simplement observer que le prix obtenu auprès d'un imprimeur concurrent (imaginaire) était identique.

Puis, m'apprêtant à passer commande, je me ravisai en faisant mine de découvrir que le prix du concurrent était bien identique mais s'entendait TTC comparé au prix hors taxes de mon interlocuteur, soit presque 20 % d'écart ! Le commercial fit la grimace. Puis proposa, pour une première affaire, de s'aligner. Si « *Paris vaut bien une messe* », l'économie de quelques milliers d'euros vaut bien un tout petit mensonge.

Comment y répondre ? La concurrence, c'est ce que fait valoir tout acheteur pour rappeler au vendeur qu'il n'est pas en situation de monopole et qu'il existe un prix marché, des conditions, des caractéristiques techniques, un standard de qualité et quelquefois même des négociations déjà très avancées… Ne nous laissons donc pas impressionner. Quelques savantes questions, sur le nom du concurrent, la référence du produit dans sa gamme ou encore sur tel ou tel point de l'offre afin de vérifier si elle est comparable, suffisent à démonter l'argument.

Le temps de réflexion. C'est le banal « *Je vais réfléchir* » si souvent prononcé par les clients et entendu par les commerciaux et qui permet aux premiers de prendre leurs distances vis-à-vis des seconds. Les réponses à faire ne font pas partie des propos de ce livre[1]. Contentons-nous donc ici d'observer que notre client cherche par ce biais, soit à s'échapper, soit à dissimuler une véritable objection qui le préoccupe. Une objection qui fait obstacle à son accord. Le mieux dans ce cas est de lui demander simplement ce qui le fait hésiter.

1. Dans mon livre paru dans la même collection, aux Éditions d'Organisation, sous le titre *Faire signer ses clients*, je développe les attitudes et réponses à faire à ces pseudo-objections finales, qui ne trouvent pas place ici.

Les menaces de rétorsion. Elles conduisent nos interlocuteurs à nous promettre que « *Si nous ne faisons pas ceci… ou cela…* », telle ou telle foudre s'abattra sur nous. Quelles sont ces foudres ? La dernière facture ne sera pas payée, la précédente livraison nous sera retournée, l'intersyndicale professionnelle sera informée ou les prochaines commandes amputées, etc.

Comment y répondre ? Ne sourcillons pas et sans surenchère montrons notre indifférence en faisant remarquer à notre vis-à-vis que ces propos sont de bonne guerre mais ne font pas partie de la négociation.

La limitation des pouvoirs. L'acheteur fait valoir au vendeur qu'il a reçu pouvoir d'acquérir sous telle ou telle condition. Cette argutie est utilisée par les directeurs de magasin qui renvoient au référencement des centrales tous les vendeurs et fournisseurs qui s'adressent à eux sans avoir été préalablement référencés. Autrement dit : « *Je voudrais bien traiter avec vous, mais je n'en ai pas le droit…* »

Ce cas de figure ne devrait pas se présenter. Un bon commercial, maîtrisant parfaitement l'entretien comme un vieux loup de mer maîtrise l'Atlantique, soupèse le pouvoir de son interlocuteur au premier contact. Pour le moins, le lecteur qui n'a pas encore pris cette habitude découvre ici tout l'intérêt de ne pas sauter cette nécessaire étape…

Un budget limité. Cette fois il s'agit d'argent et le « *Je voudrais bien traiter avec vous* » s'accompagne du « *Je n'en ai pas les moyens, si cela dépasse 10 000 euros…* ».

Comment combattre un tel oukase ? Pas facilement. C'est pourquoi il est si usité par nos clients. Pour autant, ne perdons pas notre sang-froid. Le mieux est de soustraire telle ou telle option ou si cela est possible de livrer en deux fois ou toutes autres propositions de nature à mettre au jour la vérité : notre interlocuteur est-il réellement limité par la contrainte budgétaire ou est-ce une simple manœuvre de sa part pour obtenir une remise ?

L'existence d'une solution de rechange. Faire réparer son ancien matériel, ou bien en louer, ou encore en emprunter un sont autant de possibilités alternatives présentées au vendeur pour montrer l'existence d'autres solutions et d'une liberté de manœuvre.

Comment réagir ? La meilleure attitude est certainement celle de la compréhension. Rechercher quel réel avantage supplémentaire notre interlocuteur tirerait d'une autre solution et en quoi les bénéfices retirés seraient supérieurs à ceux que nous offrons.

Le diktat. « *C'est à prendre ou à laisser* », ou l'oukase, ou encore le diktat, sorte de va-tout de l'acheteur qui prend la forme d'un Hiroshima.

Quelle attitude adopter ? Rien de moins facile. Seule référence, la fourchette d'accords possibles, préparée préalablement à l'entretien, sera notre planche de salut. On appréhende mieux ici son importance. Si le diktat de notre client entre dans notre fourchette et correspond à notre niveau d'aspiration, alors nous pourrons, sans euphorie ni précipitation, donner notre accord en lui faisant observer qu'il a la dent dure… Sinon, nous déclinerons sans aller plus avant !

Côté vendeur

Les sources de pression exercées par l'acheteur ont **chez le vendeur** leurs pendants.

L'offre sans délai. « *Vous pouvez profiter de ce prix jusqu'à ce soir minuit, après votre commande subira la hausse prévue à notre tarif diffusé demain…* »

Le stock limité. « *Commandez rapidement ! Les commandes seront satisfaites jusqu'à épuisement du stock…* »

L'occasion unique à saisir. Ici la crainte de perdre se concentre sur le caractère unique d'une offre qui ne se représentera pas de sitôt… Elle correspond au « C'*est à prendre ou à laisser* » de l'acheteur.

La fermeté. Une autre version du « C'*est à prendre ou à laisser* » et qui dénie à l'interlocuteur toute possibilité de concession.

L'absence de pouvoir. Elle permet les « *Je voudrais bien… s'il ne s'agissait que de moi* » tant pratiqués par les acheteurs qui se réfugient derrière l'absence de pouvoir pour refuser de réagir aux demandes et invectives des vendeurs. Ceci explique que les centrales d'achats exigent une lettre accréditive du mandant ou que la personne mandatée par l'entreprise ait autorité pour négocier.

Bien évidemment, certains parmi vous m'objecteront qu'il y a quelques inconvénients à minorer notre pouvoir. Ceci altère peut-être notre crédibilité aux yeux de nos clients. Disons en fait que la bonne tactique est, ici encore, de se référer à notre niveau d'aspirations et fourchette d'accords possibles. C'est dans ce cadre que notre espace de liberté est absolu. Au-delà, faire observer à nos clients qu'il nous faille en référer est chose naturelle.

Comment résister à la pression ?

Pour se jouer de la pression et y faire face, l'attitude consiste de prime abord à ne pas broncher, ni sourciller et à faire silence, afin d'éviter de montrer au travers de quelques signes émotionnels ou corporels, l'embarras dans lequel la pression exercée nous plonge. Respirez et prenez du recul pour relativiser le risque encouru. Évitez de réagir vivement et de lancer un défi. Ce genre de défi est toujours désastreux et conduit à une incompréhension réciproque immédiate. Il ne faut pas perdre de vue l'enjeu de la satisfaction respective, du besoin pour le client, de la commande pour le vendeur. Rappelez-vous les objectifs de l'entretien et ses enjeux. Évitez d'y substituer un nouvel enjeu du genre « *Vous allez voir ce que vous allez voir...* ». À ce jeu-là, le vendeur ne saurait sortir vainqueur, quand bien même très momentanément son client devrait-il consentir à s'incliner. C'est oublier que la rancœur d'un acheteur soumis est souvent plus tenace que celle du commercial, prêt à tous les pardons pour obtenir un nouvel ordre...

Une attitude efficace et positive va consister à rappeler à celui qui envisage un achat tous les bénéfices retirés par la satisfaction de son besoin, de lui démontrer combien est de faible rapport la concession supplémentaire qu'il sollicite. Mettez discrètement en avant les regrettables inconvénients de son besoin non satisfait.

Sachez aussi lâcher du lest sur un autre point. Ayant eu la sagesse d'avoir des exigences initiales élevées, le commercial perspicace offrira le palliatif d'une concession attractive pour son client et peu coûteuse pour lui. L'heure des petits cadeaux a sonné... Par exemple à un client qui nous demande une remise, nous pouvons opposer l'impossibilité d'y souscrire mais proposer en revanche de pouvoir l'inviter à Roland-Garros ou encore de lui remettre deux places pour le prochain concert de…

Malgré toute votre capacité à convenablement négocier, supporter la dureté du contexte et résister à la pression, il se peut que l'entretien débouche sur une impasse. Cette situation est au fond plus normale qu'il n'y paraît. Lorsque les deux interlocuteurs savent faire pression et jouer de la pression, il est fréquent que deux protagonistes d'égale force se bloquent mutuellement. Dès lors, il ne faut pas hésiter à faire un constat de blocage. Ne perdez pas de vue que le blocage est l'ultime moyen de pression employé par les bons négociateurs… Alors ne craquez pas, c'est votre *pricing power* qui est en jeu !

Chapitre 17

Déjouez les pièges qui vous sont tendus

Il en est des négociations comme de tous les combats délicats et difficiles à mener. Une prime est conférée au vieux renard. Le chemin qui mène au succès ou à l'échec de la négociation est jalonné de pièges. Par chance ceux-ci fonctionnent si souvent qu'ils en deviennent repérables. Quels sont ces pièges ? Ce sont ceux de la culpabilité, de l'emportement, de l'excès de bavardage, de l'orgueil, des procès d'intention réciproques. Nous les passerons en revue et dévoilerons même les quelques « combines » du bon acheteur.

Les pièges tendus par les acheteurs

Tout d'abord ceux de la culpabilité

« *C'est votre faute si nous avons perdu ce marché, la qualité de vos produits était insuffisante, vos délais de livraison mauvais...* » ou encore « *Vous ne jouez pas le jeu...* » ou « *J'ai appris que vous faisiez de meilleures conditions à notre concurrent...* ». « *Responsable mais pas coupable* », la formule, on s'en souvient, avait valu à son auteur les quolibets amusés et cyniques de ses détracteurs. En fait, cette réaction tient à la confusion que notre culture latino-chrétienne fait entre le concept de responsabilité et celui de culpabilité. Ceux-ci ont des sens pourtant bien différents. ***Est coupable*** celui qui commet une faute au regard d'un code de conduite. ***Est responsable*** celui qui répond (en raison de son statut) des actions des êtres dont il a la charge ou des biens dont il a la propriété. Ainsi un assassin peut être coupable d'avoir commis un crime, mais jugé irresponsable parce que en état de démence. Inversement, si votre chat ou votre chien vient malencontreusement faire tomber un pot de fleur sur un passant, le blessant grièvement, vous en serez tenu pour responsable mais pas coupable. Pareillement un dirigeant de société sera jugé responsable (pour autant non coupable) d'un accident provoqué par l'un de ses employés.

Il n'en demeure pas moins qu'en raison de leur proximité et de leur étroite relation, responsabilité et culpabilité sont souvent confondues. Il s'ensuit le réflexe de nous défendre de fautes dont nous nous sentons coupable, alors que nous sommes seulement responsables. La conséquence en matière de négociation, est la mise en cause de la responsabilité d'un interlocuteur par l'autre. C'est un des pièges le plus fréquemment observé. Par contagion, le sentiment de culpabilité naît. Celui de faute ne tarde pas à suivre et partant celle du besoin de réparer. En ce sens la culpabilité nous tend des pièges qui nous asservissent. Elle nous oblige, nous rend redevables et nous infériorise dans la négociation. C'est pourquoi il nous faut apprendre à discerner clairement les domaines qui incombent à notre responsabilité et ceux bien rares et bien modestes où objectivement nous devons nous considérer comme coupables, c'est-à-dire comme artisans d'une faute génératrice de problèmes, de nuisances, de destruction, etc.

Les pièges de l'emportement

Il est frappant de constater combien sont nombreux les commerciaux qui, entraînés par la vivacité d'un entretien, en perdent de vue leurs objectifs. Le manque de patience, l'incompréhension du jeu ou l'absence de *self-control* les font parfois tomber dans le piège qui leur est tendu : celui de l'énervement avec son corollaire, l'emportement. À dire vrai, « *la colère est mauvaise conseillère* ». Elle n'a aucune place dans un entretien de vente. La stabilité émotionnelle du commercial est un gage de bonne conduite et de maîtrise de l'entretien. La perte de son self-control entraîne immanquablement celle de la vente et de la considération de son client.

L'excès de bavardage

Au fond, les excès d'échanges verbaux, pour conviviaux qu'ils soient, sont rarement créateurs de vente supplémentaire. En bref, point n'est jamais besoin d'en dire trop. L'entretien a un objectif et un déroulé logique. Le commercial doit songer à augmenter la part de temps de vente actif au sein de l'entretien. Multiplier les échanges revient à courir le risque de donner des informations qui non seulement ne sont pas nécessaires pour fonder une décision, mais sont, parfois, perturbatrices, voire inhibitrices pour l'acheteur.

Les procès d'intention

Ce qui distingue l'adulte de l'enfant, est paraît-il, la raison. L'observation en fait douter tant il est vrai que la relation entre individus est emprunte de subjectivité. Un simple regard, un demi-sourire, un signe dubitatif, il n'en faut pas davantage pour nourrir le riche dossier du procès d'intention.

N'est-ce pas là une manière de mettre en accusation autrui sans le dire et de le pousser à se défendre pour des fautes qu'il n'a pas commises et dont il n'a pas été d'ailleurs officiellement accusé. Le procès d'intention est une belle manière d'agir sur autrui. Quels sont les procès d'intention que nous font les acheteurs ? Ce sont souvent les mêmes. Celui d'être intéressé, celui de vouloir gagner de l'argent sur leur dos, celui de n'avoir cure de les satisfaire ou encore de faire de meilleures conditions à d'autres. Ce procès à peine esquissé par un regard, une attitude, un doute naissant et nous voilà en train de nous défendre. Comme il n'y a pas de fumée sans feu, il n'en faut pas davantage pour laisser penser que leur procès est justifié.

L'orgueil

Les pièges de l'orgueil sont cousins de ceux de l'emportement. Sous la pulsion de notre amour-propre, il peut se faire que nous perdions de vue le pourquoi de notre entretien et avec lui, sa maîtrise. Un bon acheteur sait en jouer en excitant notre susceptibilité, par quelques défis, quelques objections plus ou moins bien fondées ou une attitude perverse, voire négative. Méfions-nous. De vente, il s'agit. À trop vouloir avoir raison, on finit par avoir tort. Si la raison est toujours celle du plus fort, c'est en l'espèce bien celle du donneur d'ordre… Méfions-nous ainsi de notre amour-propre qui nous conduit à mettre un point d'honneur là où il n'est nullement nécessaire et qui amène certains vendeurs à préférer avoir le dernier mot plutôt que la commande…

De l'infériorisation

Pas question de se laisser dévaloriser ou inférioriser. Il en va de votre crédibilité auprès de votre interlocuteur. Nombreux sont les acheteurs qui s'emploient ainsi à inférioriser leurs interlocuteurs.

Comment ? En les faisant attendre, quand ce n'est pas en les faisant revenir pour un autre rendez-vous, ou en les laissant s'enfoncer dans un fauteuil moelleux pour mieux les toiser... Quelquefois, ce sont des propos offensants ou tout simplement une attitude paternelle, emprunte de suffisance, qui visent à vous diminuer. Pour vous en défendre, rendez œil pour œil, dent pour dent. N'acceptez pas d'attendre plus que de raison, ne restez pas inactif, demandez à pouvoir téléphoner, occupez votre temps pour montrer que vous n'attendez pas. Tenez-vous bien droit, regardez votre interlocuteur dans les yeux, répondez à ses invectives par un large sourire et ne répondez pas à tout ce qui vous paraît bas, sans pour autant vous laisser faire !

Les « combines » du bon acheteur

Je ne compte plus les fois où, à défaut de temps pour interroger des fournisseurs, j'obtenais du seul et unique consulté, une remise. Comment ? Tout simplement en faisant mine de compulser un appel d'offres pour mieux asseoir sa conviction qu'il n'était pas placé... Les combines du bon acheteur sont nombreuses et toujours déroutantes pour le vendeur. Commençons par observer qu'elles ne diffèrent pas de celles employées par les commerciaux ! C'est la raison pour laquelle nous organisons, à l'intention des commerciaux, des séminaires de formation à la négociation achat. Nous les entraînons ainsi à comprendre et maîtriser les techniques de leurs interlocuteurs. Rappelons que l'enjeu est le même pour les deux parties : défendre sa marge en améliorant les conditions faites par l'autre. Dès lors, il n'est en rien étonnant que les acheteurs commencent, également, par avancer des exigences initiales très élevées. Demander beaucoup, pour obtenir un peu. Eux aussi ont appris à faire pression et à se jouer de la pression. Comme n'importe quel vendeur, ils savent sonder leur interlocuteur, lâcher du lest sur un point accessoire pour obtenir satisfaction sur le principal. Eux aussi savent tendre les pièges de la culpabilité, de l'emportement, de l'excès de bavardage, de l'orgueil. Eux aussi font des procès d'intention. Ils disposent, en outre, de quelques trucs et astuces bien à eux.

La minimisation de son intérêt et des avantages de l'offre faite

Tout d'abord, le bon acheteur sait minimiser son intérêt et éviter de se montrer enthousiaste ou pressé. Il sait réduire à néant les analyses de besoin effectuées par le vendeur. De même, il a coutume de minimiser les avantages que nous lui consentons. N'est-ce pas la seule façon pour lui d'en obtenir d'autres et cela en banalisant ceux consentis. Les petites phrases du genre : « *Vos concurrents aussi…* », ou « *Cela se trouve partout…* », ou encore « *Tout le monde le fait…* » sont des stéréotypes qui n'ont pas d'autre objet. En effet l'acheteur n'aime pas traiter *dos au mur.* Plutôt se prévaloir de la pseudo-existence d'une concurrence imaginaire ou de solution de rechange. Alors que, plus souvent qu'il n'y paraît, son choix est déjà arrêté en notre faveur.

La rumeur

Il en va de même de *la rumeur,* celle qui permet à l'acheteur de brandir des épouvantails, d'avancer des fantômes avec pour seul objectif de nous faire plier. Est souvent facilement reconnaissable l'expression qui généralement les précède : « *On m'a dit que…* », « *Il paraîtrait que…* ». Ici le conditionnel ou le pronom indéfini trahit le fantasme. Le respect du principe de réalité est la seule attitude qui convient. J'entends par là que seul ce qui est objectivable et vérifiable doit avoir place dans la négociation.

L'ambiance câline

Méfiez-vous aussi des acheteurs à la relation amicale, joviale et pleine de charme. Se cache quelquefois un féroce appétit pour des conditions très spéciales… Leur amitié plus fictive que réelle se paie parfois très cher ! D'autres acheteurs sont à l'inverse plus portés à la froideur. Une relation hautaine, distante, qui vous conduit à concéder quelques petits cadeaux pour le prix d'un seul sourire. Certains, les plus redoutables soufflent le chaud et le froid, le charme et la froideur, pour vous dérouter davantage encore. Enfin, nous le verrons lors du prochain chapitre à propos des trucs et astuces des négociateurs, il arrive que certains se mettent à deux pour jouer les rôles du bon et du méchant…

Les fausses promesses et les vrais mensonges

Si un jour j'ai à rendre compte de mes agissements et de mes incartades au regard de la morale, j'aurai sans conteste davantage à me faire pardonner en qualité de client que celle de fournisseur. Il n'y a pire ennemi, pour nous autres commerciaux, que les mirages, les fausses promesses, les vrais mensonges souvent avancés par nos prospects et que nous prenons benoîtement pour argent comptant. Je pense à toutes ces affirmations gratuites qui gonflent artificiellement les quantités, laissent espérer de futures commandes mirobolantes en contrepartie d'avantages actuels et qui permettent aux grenouilles de se faire passer pour bœufs…

Soumettez vos clients au principe de réalité. C'est de commandes, de livraisons, de facturations et de paiements dont vit votre entreprise et non de promesses…

Chapitre 18

Trucs et astuces du bon négociateur

Les trucs et astuces du bon négociateur sont fort nombreux et pourraient s'égrener comme un chapelet. De ce véritable arsenal j'en retiendrai six qui, bien utilisés, font merveille[1]. Les connaître permet de les repérer et de s'en défendre ; les employer, de gagner !

Le Salami

Comme chacun sait, le salami est un saucisson que l'on découpe en fines tranches. Cette figure tactique découpe la négociation en différents points, tous indépendants les uns des autres. Chaque partie est traitée comme un tout unique. Cette tactique est idéale pour obtenir un avantage, une concession sans devoir concéder une contrepartie. Les commerciaux du monde de l'automobile y excellent. Les acquéreurs d'une voiture neuve en font souvent l'amère expérience. Bien que leur achat soit subordonné à la reprise de leur ancien véhicule, la

1. Ces trucs et astuces se retrouvent dans de nombreux ouvrages. Pour le présent chapitre, je me suis inspiré de l'excellent ouvrage de Patrick Audebert-Lasrochas, publié aux Éditions d'Organisation, à Paris, en 1997, sous le titre *Profession négociateur.*

négociation des prix de l'un et de l'autre (neuf et occasion) est scindée en deux. Mieux, chez certains concessionnaires, le responsable du département véhicules d'occasion fait son offre de reprise, en toute indépendance, au seul regard de la valeur marchande du véhicule repris. Ainsi, le concessionnaire assure sa marge aussi bien sur le neuf que sur l'occasion… Plus encore, il n'est pas rare que le Salami confine à l'aberration et offre la possibilité de disposer de beurre sans bourse déliée. Prenons l'exemple d'un véhicule neuf. Acheter sans reprise celui-ci fait souvent l'objet d'une remise pouvant atteindre 10 %, voire davantage. Achetez en demandant la reprise de votre ancien véhicule, et la remise s'évapore ! Tant et si bien que si vous souhaitez acheter une voiture neuve d'une valeur de 40 000 euros, vous serez lésé de 4 000 euros (montant de votre remise) si par malheur vous demandez à ce que votre ancien véhicule soit repris. Cela quand bien même il ne serait repris que 1 000 euros. En faire cadeau au premier venu vous rapporterait 3 000 euros !

La parade

La parade au Salami consiste à enfermer l'interlocuteur dans un schéma de donnant-donnant. Autrement dit, il s'agit de lui proposer une négociation globale. Dans notre exemple de négociation automobile, on exigera de ne discuter que du seul montant de la soulte à verser. Peu importe en la circonstance que l'accord résulte d'une baisse du prix de vente (du véhicule neuf) ou de l'amélioration des conditions de reprise du véhicule d'occasion.

L'élargissement

Par quelques côtés l'élargissement est le contraire du Salami. Les syndicats professionnels sont passés maîtres dans la technique de l'élargissement. Récemment, des convoyeurs de fond, à l'occasion de la mort en série de quelques-uns de leurs collègues, ont fort légitimement fait grève pour obtenir davantage de sécurité. Puis le conflit s'est rapidement élargi à une revendication salariale…

L'élargissement est un instrument idéal pour « gérer » un conflit dans le sens qui nous intéresse, aussi bien pour obtenir quelques avantages supplémentaires que pour freiner ou accélérer la venue d'un accord. Ainsi, selon l'intérêt du négociateur, l'élargissement permettra de sortir d'un bourbier en trouvant un autre terrain pour compenser un éventuel abandon (accepter l'insécurité contre une augmentation de salaire sous forme de prime de risque) ou au contraire d'obtenir une monnaie d'échange ou encore créer un nouvel abcès…

La parade

Le Salami est à bien des égards une élégante façon de se prémunir contre l'élargissement. Exiger de n'aborder un nouveau point que dans la seule mesure où le point précédent est traité définitivement, suffit souvent à faire échec aux tactiques de l'élargissement.

Le Faux Pivot

La manœuvre du *Faux Pivot* est très pratiquée par les négociateurs professionnels. Elle consiste à avancer de fausses exigences que l'on pourra abandonner en contrepartie d'une vraie, sagement conservée en réserve. C'est ce que visent les commerciaux qui refusent de prendre une commande, informant leurs nouveaux clients qu'une enquête préalable à l'ouverture d'un compte est obligatoire. Une telle exigence refroidit les demandes de conditions particulières. C'est ce que vise également tout montant minimum de commandes ou de chiffre d'affaires annuel. Par exemple, une société d'intermédiation boursière exigera une taille minimale de portefeuille pour ouvrir un compte et en assurer sa gestion. Si ce montant minimal est fixé à 500 000 euros, un prospect, disposant d'un portefeuille de 300 000 euros, sera d'emblée en mauvaise posture pour obtenir des frais de gestion réduits, déjà trop heureux que sa clientèle soit acceptée.

La parade

Face à des exigences contraignantes, le négociateur, qui ne s'en laisse pas compter, fera en sorte de prendre au mot son interlocuteur. Un commercial pourra, par exemple, mettre au pied du mur un client qui exige un prix très bas pour l'essai d'un produit avant de pouvoir se prononcer sur une commande en grand nombre. Craignant des exigences ultérieures plus grandes sur la commande à venir, il prendra avantageusement au mot son client en lui accordant le prix spécial demandé en contrepartie de la signature d'une lettre d'intention de commande à prix ferme.

La Marinade

Commencer à laisser supposer le pire pour offrir moins mal qu'attendu. Une méthode si chère à nos gouvernants qu'elle en devient irritante. Laisser par exemple courir le bruit que les tarifs vont devoir augmenter de 15 % permet de soulager vos clients quand enfin ils apprennent que seule une petite hausse de 5 % leur sera finalement appliquée.

La parade

Elle consiste à monter d'un cran dans votre opposition. Un client, par exemple, vous annonce qu'il va devoir diminuer de moitié ses commandes, convenues par contrat. Si vous ne réagissez pas vivement en indiquant que votre prix sera révisé en conséquence à la hausse, le risque est grand que vous consentiez à lui maintenir le prix prévu quand il vous annoncera que finalement il a pu trouver une solution : celle de réduire de seulement 20 % sa commande, sous réserve que votre prix initial puisse être maintenu…

Le Bon et le Méchant

Cette figure de négociation est très usitée en milieu professionnel, et d'après la légende par les Chinois. Bien connue, elle amène un Méchant à beaucoup exiger du commercial. Il campe un personnage sévère, peu communiquant et pas davantage souriant. Rien moins que ce que répugne ou craint un chargé de clientèle. Puis, tel un Zorro, un Bon vient mettre de l'huile dans les rouages. Il tempère, explique comment pratiquer, et suggère des solutions… Un vrai ami ! Ses conseils viennent à point nommé pour vous sortir d'une impasse au prix de coûteuses concessions. Le mal est fait.

La parade

« *Mon Dieu protégez-moi de mes amis, mes ennemis je m'en charge !* » Ce mot, plein de lucidité, invite à vous méfier des clients qui vous conseillent sur la marche à suivre pour aboutir dans la négociation que vous menez avec eux. Une méfiance pleine d'à-propos, tout particulièrement quand il vous est proposé de faire des remises ou des conditions particulières. Faites mine dans ce cas de ne pas comprendre. Remerciez vivement sans tenir compte, bien évidemment, des précieux conseils. N'hésitez pas à utiliser le Bon pour passer des messages au Méchant. Faites par exemple remarquer que vous avez déjà fait bénéficier le Méchant de la meilleure tarification possible et qu'il est impensable d'aller au-delà. Au pire, si le jeu confine à l'amusement chez vos interlocuteurs, laissez entendre que vous n'êtes pas dupe.

Le Lièvre

Le Lièvre est sans nul doute le plus éculé des trucs et astuces de négociation. Vos clients y ont recours quand ils avancent l'existence d'une offre plus avantageuse obtenue d'un pseudo-concurrent, par définition imaginaire. Meilleur prix, conditions plus intéressantes, point n'est besoin d'en ajouter pour conduire, quelquefois, un vendeur à lâcher du lest.

La parade

Faites préciser dans le détail l'offre prétendument concurrente. Questionner sur le nom du confrère, la date de son offre, les caractéristiques du produit proposé, suffit à réduire à néant la tactique. Les hésitations ou rougissements du petit malin vous convaincront de la présence d'un Lièvre. Si la stabilité émotionnelle de votre interlocuteur est excellente au point qu'il ne sourcille pas, demandez-lui, en dernier recours, ce qui le retient de n'avoir pas retenu la solution concurrente…

Chapitre 19

La bonne tactique de négociation

Ménagez-vous des marges de manœuvre et réduisez celles de vos clients

Plus larges sont les marges de manœuvre, plus grandes sont les chances d'aboutir à un accord favorable. C'est dire l'enjeu des marges de manœuvre pour les protagonistes. La tactique de négociation vise à élargir vos marges de manœuvre et à réduire ou à entamer celles de votre client. Voyons comment élargir les vôtres, que ce soit face à un interlocuteur unique ou à un spectre de décideurs.

Pour cela commencez par faire en sorte que le spectre de décision ne vous soit pas opposable et minimisez votre pouvoir de décision. Veillez à ce que vos offres ne soient pas aisément comparables. Puis avancez des exigences initiales élevées. De même, défaussez vos points faibles et distillez, à votre gré et quand bon vous semble, vos atouts. Examinons de près la tactique.

Commencez tout d'abord par cerner le spectre de décision

Qui décide ? La question est d'importance pour éviter la sempiternelle remarque bloquante de fin d'entretien : « *Il faut que j'en parle à Machin…* » Quoi qu'il en soit, le mieux est de régler ce problème dès les premières minutes de l'entretien. Votre interlocuteur est rarement isolé au sein de la structure qui l'entoure. Cherchez à savoir qui partage, avec lui, la décision. Quel est le poids de chacun ? Ceci est aussi vrai chez les particuliers, au sein de leur famille, que dans les entreprises ou les administrations. Par exemple, pour l'achat d'une voiture, le chef de famille fait un choix en termes techniques (performances, consommation) et fixe le budget. L'épouse intervient, elle, plutôt au niveau de la couleur. Les enfants jouent un rôle global de prescripteurs (repérable dans la vente de monospace). En milieu industriel, le spectre est souvent plus complexe. S'agissant d'un projet, celui-ci a souvent **un initiateur**. Disons que c'est l'homme ou le service qui a eu l'idée du projet. Ce n'est pas forcément le bénéficiaire. Ce dernier est **l'utilisateur**, qui intervient en amont comme en aval pour donner son avis et valider les différentes étapes au regard de l'emploi qu'il compte en faire. **La direction générale**, sans laquelle aucun projet d'importance ne saurait aboutir, ni budget doté. Elle intervient en fonction de l'importance du budget et du poids stratégique du projet pour l'entreprise ainsi qu'en raison de son caractère plus ou moins exceptionnel et imprévu. **Le chef de projet**, quant à lui, a en charge le suivi du projet. Consulter et coordonner les différents intervenants, planifier la réalisation du projet, contrôler son avancement résument sa mission. **L'acheteur** intervient dans les négociations d'achats. Le spectre peut s'enrichir enfin d'**un conseil extérieur**.

Analyser ce spectre, étudier ses rapports, c'est aussi percevoir l'influence que chacun peut, en dehors de l'organigramme, exercer sur les autres. Existe-t-il un leader ? Quelle pression exerce-t-il sur le groupe ? Peut-il infléchir sa décision, etc. ?

C'est ainsi qu'un vendeur d'informations sur les technologies et les logiciels informatiques, sous la forme d'abonnement, m'a confié avoir eu le plus grand mal à convaincre les interlocuteurs d'une grande société aéronautique française. Celle-ci était constituée de 5 divisions. Chacune des divisions était flanquée d'un service informatique avec, à sa tête, un directeur. Par le passé, ces divisions s'étaient entendues entre elles pour souscrire un abonnement auprès d'une société de conseil informatique concurrente. Ce commercial, bien décidé à obtenir la clientèle de cette prestigieuse société, est allé frapper à la porte du premier directeur informatique de la première division. Après une longue négociation, il obtint l'accord de son prospect, sous réserve de l'accord des 4 autres... Il entreprit donc la même démarche auprès du directeur de la deuxième division. Il obtint le même succès, sous réserve de l'accord des 4 autres. Les accords verbaux des 5 directeurs informatiques obtenus, il revint voir le premier pour conclure... Il constata très rapidement qu'il n'était pas plus avancé. Lui faisait défaut l'accord d'un sixième, ultime et important personnage, le groupe. Cette personne morale, inconsistante et pourtant si puissante, constituée des 5 directeurs dont il entraîna la décision favorable en les réunissant. Il avait découvert ce qu'était un spectre de décision.

Ainsi, pour augmenter votre espace de liberté et réduire celle de votre client, efforcez-vous de réunir toutes les parties prenantes à une décision. Vous limiterez significativement sa marche de manœuvre. À défaut, ses membres, séparément rencontrés, pourront vous donner leur accord sans qu'une décision opérationnelle s'ensuive. Un spectre est une sorte de ramification pluridisciplinaire où se mélangent psychologie, pouvoir et hiérarchie, fonction et responsabilité, pouvoir et contre-pouvoir, dont le propre est de décider et d'imposer sa décision aux individus qui le composent. Un groupe est comme un corps sans tête. En sachant l'animer, donner la parole à chacun, réduire les différences entre les divers participants, montrer à tous les bénéfices à retirer, on emporte sans grande difficulté son accord. Un groupe est fort pour étudier, discuter, contredire, mais est faible pour décider, choisir, arrêter.

Minimisez votre pouvoir de décision

Cette analyse menée, vous augmenterez sensiblement vos marges de manœuvre en minimisant votre propre pouvoir de négociation. Faites valoir qu'il vous faut rendre des comptes ou interroger telle ou telle personne de votre entreprise dont vous devez solliciter l'avis. Autrement dit, opposez votre propre spectre… Pour autant, comportez-vous en décideur responsable et ne vous dévalorisez pas.

Faites en sorte que vos offres ne soient pas comparables

De même, pour vous ménager de belles marges de manœuvre, faites votre possible pour que vos offres ne soient pas comparables à celles de vos concurrents. Que ce soit par votre façon de présenter les choses, les options proposées, les caractéristiques techniques avancées, faites que vos interlocuteurs ne puissent aisément dresser un tableau des avantages et inconvénients de chaque offre… Dûment pourvu d'un tableau comparatif, votre client peut sans difficulté faire ressortir vos éventuelles faiblesses et opposer les forces de vos concurrents. Le prix et les conditions vont, dans un tel contexte, prendre une importance capitale. Votre capacité à négocier sera amputée d'autant. N'est-ce pas là le fondement du cahier des charges que nous imposent si souvent nos clients ?

Ayez toujours des exigences initiales élevées

Quoi qu'il en soit, ayez toujours des **exigences initiales élevées**. Plus celles-ci seront importantes, plus grande sera votre capacité à faire, par la suite, des concessions. En outre, des exigences initiales élevées contribuent à réduire celles de vos acheteurs.

Points forts/points faibles, comment pratiquer ?

Si nos offres de produits ou de solutions n'étaient pas composées de points forts et d'autres qui le sont moins, nous serions sans conteste les leaders de notre marché. Probablement réside là, la raison de trouver autant de leaders sur un marché qu'il y a d'opérateurs… Quoi qu'il en soit, le négociateur averti sait qu'il lui faut évacuer au début de l'entretien ses points faibles pour conserver ses points forts pour la fin, véritables atouts qui permettront de gagner la partie.

La dialectique des exigences respectives client/vendeur

Au cours d'une négociation, les choses se passent comme au cours d'une partie de cartes : les bons joueurs se défaussent, au mieux, de leurs petites cartes en premier lieu pour conserver en main leurs atouts maîtres. Convenons, pour continuer avec cette métaphore, qu'il est préférable de faire tomber un atout majeur de l'adversaire à l'aide d'une petite carte sans importance stratégique pour nous que de se voir confisquer, à cette occasion, une carte maîtresse. Il est de bonne guerre de pratiquer de même au cours d'une négociation commerciale.

Lorsque nous négocions avec un client, il est bien rare que nous ne puissions pas mettre au jour, par quelques questions, les points où ses exigences sont limitées et où l'obtention de concessions nous semble aisée. A *contrario*, notre interlocuteur peut faire valoir que certains autres points constituent pour lui de véritables impératifs incontournables. Sur ces derniers, il va nous être difficile de le faire renoncer.

Ne négociez pas dans le brouillard. Étudiez l'échelle des exigences de chacun. Négocier, c'est prendre l'autre en compte. Connaître ses *desiderata*, ses problèmes, ses difficultés, ses envies, ses besoins, ses contraintes… Bref connaître l'ensemble de ses impératifs et attentes. Mais faire la lumière sur les nécessités de nos clients n'entraîne pas l'obligation d'aliéner les nôtres. Le vendeur a ses propres contraintes auxquelles le soumet sa direction. Il se doit, entre autres, d'atteindre ses objectifs et de faire respecter les conditions générales de vente qui lui sont imposées.

Pour y voir clair, une matrice des exigences respectives clients/vendeurs doit être dressée. Cette matrice fait apparaître quatre possibilités. Face à des exigences faibles du vendeur, le client peut opposer des exigences qui pour lui sont faibles ou au contraire élevées. De même, face à des exigences vendeur élevées, celles du client peuvent être faibles ou bien élevées. Comment pratiquer ? Un exemple vaudra mieux qu'un long et fastidieux propos.

Imaginons une négociation qui met en cause les points de divergences suivants : un délai de paiement, une partie du consommable livrée gratuitement, une remise par quantité, un délai de livraison express sans supplément, un conditionnement (paquetage) des produits, une prise en charge des frais de port, remise de fin d'année, un prix du contrat d'entretien des matériels livrés et une prise en charge de la formation du personnel du client.

Après discussion et découverte du mode de fonctionnement de son client, le commercial sera en mesure de dresser la matrice des exigences respectives. Admettons pour avancer qu'il en ressort le tableau ci-après :

Matrice des exigences respectives client/vendeur[1]

Client / Vendeur	Niveau d'exigences faibles	Niveau d'exigences élevées
Niveau d'exigences faibles	Un délai de paiement Une quantité de consommables gratuits	Une remise quantitative Un délai de livraison en express
Niveau d'exigences élevées	Le respect du conditionnement usine Les frais de port à la charge du client	Paiement du contrat d'entretien Une remise de fin d'année La prise en charge de la formation

Il est clair qu'avec des exigences faibles de part et d'autre, les parties n'auront aucun mal à trouver un accord. Dans l'exemple ci-dessus, le délai de paiement et l'offre de consommables gratuits semblent ne poser de problème à aucun des protagonistes. Il en va de même pour le commercial, quand des exigences élevées de la part de son client font écho à des exigences faibles venant de consignes reçues de sa direction. Dans notre exemple, le client semble exiger impérativement une remise sur les quantités ainsi qu'un délai de livraison rapide (entraînant des frais supplémentaires de transport express). Ces deux exigences ne semblent pas contraignantes pour le vendeur. Il pourra donner aisément satisfaction à son client. De même il ne devrait pas avoir trop de mal à faire admettre à son client le conditionnement que son usine impose et le paiement des frais de port. Deux conditions essentielles, pour lui, qui n'apparaissent

1. Ph. Haymann, « Le processus de décision d'achat des biens industriels – cas des machines de bureau », CESA 1969-1970.

pas préoccupantes du point de vue de son interlocuteur. Là où les choses se corsent, c'est lorsque des exigences élevées se contredisent de part et d'autre. Dans notre exemple, il s'agit du paiement du contrat d'entretien, d'une remise de fin d'année sur le chiffre d'affaires et de la prise en charge du coût de la journée de formation nécessaire aux personnels utilisateurs, chez le client. Ici les espaces de liberté de chacun sont très ténus.

La « Matrice des exigences respectives » met en lumière les points où l'accord sera difficile à trouver et ceux où *a contrario* un consensus préexiste. Elle étalonne ainsi les valeurs d'échange. C'est là tout son intérêt. Elle éclaire ainsi la stratégie à mettre en œuvre : **Prétendre à des exigences élevées là où l'on dispose, en réalité, d'une opportunité de souplesse**. Dans la négociation ci-dessus, notre vendeur aura intérêt ainsi à commencer par dénier la possibilité de faire une remise quantitative. Dans le même but, il lui faudra faire savoir rapidement que les délais de livraison ne connaissent aucune dérogation et aucune priorité express. On reconnaît là la technique du Faux Pivot. En pratiquant ainsi, le bon négociateur valorisera au mieux les concessions qu'il fera ultérieurement. En échange, il demandera et obtiendra des contreparties sur des points contraignants… Il tentera par exemple de solliciter son client pour qu'il renonce à la remise de fin d'année en lui proposant en échange une quantité gratuite de consommables, dont il peut à loisir disposer.

Client / Vendeur	Exigences faibles	Exigences élevées
Exigences faibles	1	2
Exigences élevées	4	3

Le bon échange du commercial est d'obtenir 2 contre 3.

Application à votre entreprise

Prenez la peine de faire de même. En vous aidant du tableau ci-après, essayez d'établir les exigences les plus fréquentes rencontrées chez vos clients, ainsi que les points qui, en règle générale, passent plutôt bien. En regard, portez vos zones de souplesse et vos impératifs.

« Dans votre métier, comment se dresse, *a priori* et en règle générale, la matrice des exigences respectives de vos clients et de votre entreprise ? »

En règle générale, dans vos négociations, comment se présente la matrice des exigences respectives ?

	Zones de souplesse de mon client	Les impératifs de mon client
Mes zones de souplesse		
Mes impératifs		

Chapitre 20

Gérez efficacement vos concessions

Dans la mesure où négocier signifie, étymologiquement, échanger, autrement dit faire du troc, il vous faut tout mettre en œuvre pour troquer au mieux de vos intérêts. Pour cela, six règles d'or sont à respecter pour gérer les concessions et développer votre *pricing power*.

1re règle : Ne soyez pas le premier à faire une concession

Faire une concession entraîne *ipso facto* et unilatéralement la réduction de vos marges de manœuvre et donc le réservoir de contreparties à pouvoir offrir à votre interlocuteur. De plus, vous feriez montre de faiblesse. Dans ce combat, ce corps-à-corps, être le premier à faire une concession revient à reculer. Une reculade qui ferait perdre toute crédibilité. Comment les exigences de l'offre initiale pourraient-elles être crédibles si elles sont modifiables sans contrepartie ? Préparez-vous à demander une première concession, si minime soit-elle. Par exemple, la reconnaissance d'un intérêt réel pour votre produit.

2e règle : Tenez-vous-en au donnant-donnant

Ne donnez rien sans contrepartie. C'est un échange dont il s'agit et non une concession unilatérale. Quand un client vous demande quelque chose, demandez-lui ce qu'il vous donne en échange. Les choses devraient se calmer sans délai.

3e règle : Examinez les demandes importantes d'abord, les petites ensuite

En examinant les demandes importantes de votre client, vous éviterez ainsi de donner à votre vis-à-vis l'impression que, plus il avance dans la négociation, plus il obtient de concessions. Bien au contraire, vos concessions étant de plus en plus modestes, le sentiment se développera en lui que, sans nul doute, vous êtes au bout du sac des avantages à lui consentir. Cette conviction est indispensable au bon acheteur, dont la fréquente interrogation est de savoir si le citron est totalement pressé !

4e règle : Traînez les pieds pour dire « oui »

La communication non verbale est reine en négociation. Notre gestuelle, nos hésitations, nos lenteurs ou la spontanéité de nos réponses sont chargées de sens. Sens souvent plus profond et plus aigu que les mots. Sens qui n'échappe pas à la vigilance d'un acheteur averti. C'est pourquoi je vous conseille de traîner toujours les pieds pour dire « *Oui* ». La vérité est qu'une concession se mérite. Elle se prend de haute lutte ou ne s'obtient pas. À défaut elle ne sera pas valorisée par le demandeur. En traînant les pieds pour émettre une réponse favorable à une demande, vous laissez entendre que votre concession est importante. À l'inverse, la communication non verbale attache à un « *Non* », émis rapidement en réponse à une sollicitation, un sentiment d'impossibilité ou de grande difficulté. C'est pourquoi avoir identifié à l'avance ce qui est possible de ce qui ne l'est pas vous permettra d'avoir le bon tempo pour égrener accords et désaccords.

5e règle : Adaptez votre délai de réponse au poids de chaque concession

Pour les mêmes raisons que celles exposées ci-dessus, il vous faut adapter votre délai de réponse au poids de la concession à faire. Le temps pris pour adresser une réponse favorable donne au vis-à-vis une idée de l'importance de la concession qui lui est faite. Traîner les pieds ne suffit donc pas. Faut-il encore moduler le temps de réponse pour étalonner l'importance de l'avantage consenti.

6e règle : Demandez de grosses contreparties contre vos petites concessions

Faites de fructueuses affaires. Tentez d'obtenir de grosses contreparties en échange de vos petites concessions. Pour cela, vous avez eu l'immense sagesse de valoriser au mieux les points où, en réalité, vos exigences sont faibles. Vous allez pouvoir maintenant échanger. En contrepartie de petites concessions, ainsi survalorisées, vous êtes bien placé pour obtenir de belles contreparties.

Chapitre 21

Le *closing* ou comment conclure un accord

Mes vingt années d'expérience dans la vente m'ont probablement conduit à remettre en cause quelques-unes des certitudes qui m'habitaient au départ. S'il en est une qui en revanche s'est consolidée au fil des années c'est bien celle qu'il existe un domaine où les commerciaux péchent le plus : celui de la conclusion[1]. Cette sphère de la vente est plus vaste qu'il n'y paraît. Dans ce chapitre, nous ne retiendrons que l'aspect formel de l'accord, résultant de la négociation.

Ai-je bien négocié ? Ai-je obtenu le maximum ? N'a-t-il pas fait une bonne affaire sur mon dos ? Aurait-il pu consentir davantage ? Regrets ou remords, c'est ce qui interpelle chaque client après les affres d'une trop facile ou rapide négociation. Partant, le désir de revenir sur un accord est latent. Le verrouillage dudit accord devient une prudente nécessité. Ajoutons que toute décision d'achat transporte son lot de frustrations. S'ensuit, chez l'acquéreur d'un bien ou d'un service, une phase d'interrogation, d'appréhension, voire

1. C'est pourquoi Forventor propose un séminaire de deux journées intensives sur le seul sujet du *closing*. C'est dans le même esprit que, parallèlement à ce livre, je publie chez le même éditeur et dans la même collection un ouvrage sur ce sujet.

d'inquiétude ou quelquefois même d'angoisse. Pour aider son client à surmonter ce délicat moment, l'attitude du vendeur va être déterminante.

L'Histoire fourmille de guerres qui ont pris racines dans l'imprécision d'un précédent traité que les belligérants, souvent exténués – ne dit-on pas « de guerre lasse » – se sont empressés de signer pour mettre fin à leur calvaire respectif. Il est vrai que la paix n'a pu revenir qu'en raison justement d'un manque de précisions qui permettait de ménager au mieux les susceptibilités des deux camps et de trouver un terrain d'entente suffisamment vaste pour y loger des perceptions aussi contradictoires qu'inconciliables.

Ainsi, la précision et la clarté de l'accord que vous allez prendre avec votre contradicteur seront les gages de sa pérennité. La chose n'est pas bien difficile si l'accord est contractualisé par un bon de commande ou un courrier reprenant ces différents points. Il fera foi entre les parties le jour venu. En revanche, les accords verbaux sont plus complexes à prendre. Dans ce cas on se contente de *« la toper »*. Or, selon le dicton, « *les paroles s'envolent, les écrits restent* ». Chacun, en cas de désaccord, se référera à la mémoire qu'il a des termes mis en cause. Et dans ce cas la mémoire semblera troublée par l'intérêt de chacun… Il n'empêche que de nombreuses conventions verbales sont ainsi prises entre clients et commerciaux. En règle générale, elles « tiennent » et participent ainsi à la confiance croissante qu'a chacun en l'autre. Alors comment s'y prendre pour qu'un accord verbal (ou dont la confirmation écrite nécessite un délai) ne soit pas contesté ? Le respect de trois règles est indispensable à la pérennité. Quelles sont-elles ?

1re règle : Énoncer les termes de l'accord en insistant sur les contreparties obtenues à vos concessions

Nous l'avons vu, la bonne stratégie consiste à enfermer votre client dans une logique de donnant-donnant. La négociation terminée, l'énoncé devra reprendre chaque point concédé et la contrepartie obtenue. En pratiquant ainsi, vous limiterez la possibilité de votre vis-à-vis à pouvoir remettre en cause son accord. La perte de la contrepartie est la sanction immédiate d'une telle velléité.

2e règle : Être trop précis ne saurait nuire à un bon accord

Être précis paraît évident. L'imprécision règne pourtant. D'où cette contradiction provient-elle ? Elle provient simplement de la crainte des protagonistes que l'accord à peine trouvé soit remis en cause au seul énoncé de ses termes. Prenons l'exemple d'un commercial qui vient de concéder à son interlocuteur, qui paie d'ordinaire ses factures à soixante jours, un délai de paiement supplémentaire de trente jours en période de saison hivernale. Dire à son client que « *les mauvais jours venus, vous bénéficierez de trente jours de délai de règlement supplémentaire* » est plus aisé et moins inquiétant à énoncer qu'un libellé plus précis. Plus aisé peut-être, mais certainement dangereux et source de difficultés ultérieures. Le flou entretenu autour de la date (les mauvais jours) et du délai supplémentaire (trente jours) a permis de rapprocher les points de vue, mais pas de conclure convenablement l'accord.

Soyez clair et précis. Invitez votre client à valider chaque terme de votre proposition. Voyons ce que cela pourrait donner dans l'exemple ci-dessus : « *Nous sommes-nous bien compris ? Toute livraison effectuée à partir du printemps, soit le 21 mars de chaque année, et cela jusqu'au 20 décembre, de la même année sera réglée, comme par le passé, à soixante jours date de sa facture. Les trois mois de chaque hiver, soit du 21 décembre de chaque année au 20 mars de l'année suivante, les livraisons effectuées au cours de cette période seront facturées avec un délai de règlement augmenté de trente jours, soit quatre-vingt-dix jours date de facture. Vous êtes d'accord ? En contrepartie de ce délai supplémentaire, vous avez consenti à ce que vos commandes ne soient pas inférieures à la somme de 10 000 euros. C'est bien ça, n'est-ce pas ? En conséquence, vous serez d'accord pour nous régler, comme à l'accoutumée, quand vos commandes seront inférieures à ce seuil de 10 000 euros. D'accord ? »*. En pratiquant ainsi, même sans écrits, vos clients seront moins enclins à remettre en cause une convention qu'ils ont validée point par point et les yeux dans les yeux.

3e règle : Prenez des notes

Puisqu'il est de notoriété que les écrits restent alors que les paroles s'envolent, prenez des notes. Le moment venu, elles serviront à rafraîchir la mémoire des protagonistes. Faites-le ostensiblement, afin que votre interlocuteur n'en ignore rien. Ainsi sera-t-il moins enclin plus tard à remettre en cause la parole donnée. Mieux, proposez-lui une photocopie de vos notes. Il les versera à son dossier et votre accord sera verrouillé. De nombreux accords n'ont pas besoin de davantage de formalisme. Des écrits complémentaires n'apportent pas grand-chose de plus, tant il est vrai que faire du juridisme, voire du judiciaire, avec un client, coûte souvent plus que cela ne rapporte.

Chapitre 22

Gérez votre sortie

Comme chacun sait le bouquet, dit final, d'un feu d'artifice vient, par son ampleur, la magnificence de ses couleurs et de ses figures, indiquer aux spectateurs que la fête est finie, et cela en beauté. Dans un petit village d'Auvergne, dénué de moyens, ce bouquet, faute d'argent est si pauvre que chaque 14 Juillet, le garde-champêtre se fait un devoir de passer parmi les spectateurs, en agitant au bout de son bras une lampe-tempête pour avertir : « *C'est fini, c'est fini, c'est fini, c'est fini* », déclenchant toujours le même amusement chez les habitants du village.

Si la fête est finie, il faut savoir prendre congé et préparer la chute. C'est l'ultime souvenir que les participants auront. Cela est aussi vrai pour une pièce de théâtre que pour une compétition de tennis, pour un feu d'artifice que pour une soirée réussie entre amis. Une négociation n'en est pas exempte.

Deux cas de figures peuvent se présenter. L'accord est acquis et vient d'être validé par notre interlocuteur. Le problème se pose de savoir comment le quitter. *A contrario*, il est possible d'avoir à connaître des affres du blocage. En fait d'accord, c'est un désaccord qu'il va nous falloir gérer.

Qu'il y ait blocage ou que l'objectif espéré soit atteint, il vous reste à gérer au mieux votre sortie. Gérer leur sortie, n'est-ce pas là l'ultime préoccupation des grands hommes d'État ? Les commerciaux peuvent s'en inspirer. Alors comment faire ? Deux cas se présentent : blocage ou objectifs atteints, avons-nous dit. À chacun de ces cas, une approche spécifique.

Sortir, l'accord en poche

La commande en poche, ne vous sauvez pas comme un voleur. « Réconciliez-vous » avec votre client. Une négociation, faite de contreparties obtenues quelquefois à l'arraché, a pu susciter des blessures d'amour-propre, dont les plaies resteront longtemps béantes. Au mieux, les cicatrices en formeront les stigmates, parfois rappelés à l'occasion d'une nouvelle négociation.

Persuadez votre interlocuteur qu'il a fait le bon choix. Comment ? En le rassurant et en lui disant qu'il a fait le bon choix. L'emploi d'un ultime argument, sagement gardé en réserve, sera souvent le bienvenu. Vous lui donnerez ainsi une raison supplémentaire, après la signature, de lui confirmer le bien-fondé de son choix. Sachez par ailleurs le complimenter. Entraînez-vous à dire : « *Bravo, vous êtes un rude négociateur.* » Une négociation réussie vaut bien un compliment, non ? Mais le compliment n'y suffira pas. Ne soyez pas triomphant. Montrez-vous simplement heureux d'avoir abouti. Heureux d'avoir trouvé un accord. Accord qu'en toute circonstance vous vous efforcerez de juger équilibré et bon pour les deux parties. Ainsi vous tenterez de tuer dans l'œuf les éventuels regrets ou remords qui prennent racine dans les immanquables frustrations auxquelles conduisent les concessions demandées et obtenues. Et puisque heureux il est, pourquoi ne pas le faire savoir, tout simplement et très simplement ? « *Je suis heureux et fier, monsieur Rosenberg, de vous compter parmi les utilisateurs de ce produit. Vous êtes un excellent négociateur et avez obtenu les meilleures conditions possibles. Quant à moi, en contrepartie de conditions difficiles, je suis ravi d'avoir obtenu votre clientèle.* » Mais ne soyez pas triomphant. Remerciez votre acheteur pour sa commande et sa confiance. La chose est d'importance. Au-delà des règles élémentaires de convivialité, le remerciement est la reconnaissance d'un partenariat, d'une réciprocité, d'une dépendance réciproque. Tout cela est gage de deux choses. La première ancre en lui l'idée qu'il a obtenu le maximum possible et qu'il ne faut pas y revenir. La seconde réside dans le fait de lui faire savoir qu'il compte pour nous, que nous avons besoin de lui et que sa commande nous satisfait. C'est l'inviter à construire avec nous une relation privilégiée. Relation qu'aussi bien lui que vous, aurez à cœur de sauvegarder.

La fidélisation passe par l'établissement d'une relation autre que celle strictement nécessaire à la seule prise de commande. Les négociations difficiles mettent à mal le tissu relationnel. Rien d'étonnant dès lors qu'il nous faille montrer à notre acheteur quel va être désormais notre rôle, maintenant que nous lui avons vendu. De quelle utilité allons-nous être pour lui ? Quels avantages va-t-il retirer, à l'avenir, d'une relation commerciale avec nous ? Là, c'est une façon de montrer que notre relation avec lui n'est pas éphémère, et fondée sur le seul intérêt de la vente. C'est le moment de lui rappeler que c'est bien plutôt une relation à long terme, un partenariat d'échanges d'informations et d'aides. Allons-nous venir le voir pour l'informer, le former, mettre en place les matériels que nous venons de lui vendre ? Allons-nous assurer le service après-vente élémentaire ? Sommes-nous là pour régler tous ses éventuels problèmes, l'aiguiller dans l'entreprise ? Viendrons-nous lui présenter nos nouveaux produits, nos nouvelles documentations ? Bref, annoncez-lui qu'il vous reverra très bientôt et quelles en seront les raisons. Fixez une date si vous le pouvez. Vous ferez ainsi d'une pierre deux coups. D'une part, ce qui est fait n'étant plus à faire, votre rendez-vous sera d'ores et déjà pris. D'autre part, l'intérêt se comporte tel le soufflé au sortir du four… Il finit par retomber ! Prendre date tout de suite, c'est anticiper le risque à venir d'une moindre disposition de l'interlocuteur à vous recevoir. En ce sens, une très prochaine visite après la vente, au moment de la livraison ou dans les temps immédiats qui suivent la livraison, est souvent très appréciée. Évitez le travers de nombreux commerciaux travaillant dans les concessions automobiles. L'acte de vente dûment signé, ils deviennent plus distants. À peine présents le jour de la livraison du véhicule, ils s'en remettent à l'après-vente pour les suivre et s'attachent à les oublier jusqu'au renouvellement.

Enfin, pensez à parler de l'avenir. Parler de l'avenir, c'est faire savoir à votre interlocuteur qu'il peut désormais compter sur vous, en toute circonstance. Lui dire cela, c'est avancer vers une relation supérieure. Relation fidèle, dans laquelle le vendeur se fait conseiller et ami sur lequel on peut compter. Préparer l'avenir, c'est aussi l'envisager ensemble. Tout au bonheur de sa prise de commande, le vendeur quelquefois en oublie l'étude des éventuelles opportunités qui se profilent à l'horizon. Donnez-vous la peine de questionner le signataire de l'ordre que vous avez en main sur ses autres besoins, ses projets, ses attentes et autres espoirs. Balayez avec lui les domaines d'investissements auxquels il songe à court, moyen et long terme. Le délai pour vendre est fréquemment long. La maturation d'un besoin pour se transformer en commande nécessite le passage par de nombreuses étapes. Mettez à profit ce moment privilégié pour commencer.

Gérez votre sortie en cas de blocage

Le propre d'une négociation est de rechercher un accord. Et qui dit recherche, dit risque de non-aboutissement. C'est dire que le blocage est une chose naturelle dans une négociation. Le commercial doit savoir gérer ce blocage, le surmonter et en tirer le meilleur profit.

Le désaccord étant naturel, il faut l'accepter comme tel. Le tort serait d'y voir une fin définitive de non-recevoir, la perte d'un client ou même de la commande convoitée. Le blocage est quelquefois l'ultime moyen de pression, pourrions-nous dire. Alors soyez positif et prenez la chose avec flegme. Acceptez-la comme telle, mais ne renoncez pas !

L'attitude judicieuse est sans nul doute de dresser un constat de désaccord. Qu'est-ce qu'un constat de désaccord ? C'est une sorte de bilan composé d'une colonne actif et passif, autrement dit des points d'accord et des points de désaccord. La présentation résumée des points d'accord sera l'occasion de rappeler à votre client tous les bénéfices qu'il allait pouvoir retirer de l'acceptation de la proposition. Belle manière de lui faire entendre tout le chemin parcouru et combien il est dommage de s'arrêter si près du but. C'est aussi l'occasion de faire valoir les différents acquiescements que l'on a pu obtenir de lui. Vient enfin le rappel des désaccords et autres points litigieux. Ce rappel se doit d'être tempéré et comporter une invitation à surmonter les désaccords.

À titre d'exemple, pour illustrer notre propos :

« *Eh bien, monsieur Martin, le moins qu'il nous faille reconnaître vous et moi est que nous sommes en désaccord sur différents points. Si je vous ai bien compris, le produit que je vous propose vous intéresse. Vous avez convenu que nous étions les mieux placés et qu'actuellement notre produit est celui qui sur le marché répond le mieux à votre attente. Nous sommes en fait très proches d'un accord. Si nous n'y sommes pas encore parvenus, c'est parce que cela achoppe sur deux points : le transport et le délai de règlement. Sur le premier point, nos prix comme je vous l'ai dit, s'entendent départ usine, emballage maritime, caisse bois en sus. Ce que vous souhaitez, c'est une livraison rendue franco au port de Rouen ; ce qu'en raison de nos coûts je ne puis vous consentir. Le second point de désaccord porte sur le délai de règlement. S'agissant d'une première commande et dans la mesure où vous n'êtes pas encore inscrit dans nos comptes, nos conditions sont formelles : le paiement s'entend comptant avec 2 % d'escompte. Pour votre part, ce paiement ne vous agrée pas et vous souhaiteriez pouvoir payer par billets à ordre à soixante jours, fin de mois. Ai-je bien résumé la situation ?* »

Invitez votre interlocuteur à consentir à un ultime effort par un mot du genre : « *Quelles concessions consentiriez-vous en échange d'un dernier effort de ma part ?* »

Quoi qu'il en soit quittez votre client sur une note positive. Proposez ensuite un délai de réflexion. Évoquez l'opportunité d'un nouveau rendez-vous pour tenter de rapprocher les points de vue. Dans l'intervalle, un coup de fil de votre direction ou un rapide entretien téléphonique, vous permettra d'avancer dans la voie d'une solution satisfaisante.

Nous pourrions l'illustrer ainsi :

« *Je vous propose que, de part et d'autre, nous réfléchissions et que nous nous rencontrions dans une dizaine de jours. Vous reconnaîtrez avec moi que ce serait bien dommage, si près du but, que nous ne trouvions pas un accord. Je serais pour ma part heureux de vous compter parmi mes clients et je suis sûr que le préalable de paiement et de conditions de port et d'emballage que vous posez sont peu de chose au regard de la satisfaction que vous procureront nos produits. De mon côté je vais voir comment faire pour trouver une petite compensation. Pour un nouveau rendez-vous, préférez-vous mercredi ou vendredi de la semaine prochaine ? »*

Conclusion

Le bon plan pour mener à bien une négociation commerciale

Nous avons fait le tour des principaux outils, méthodes, techniques et situations qui vous permettront d'améliorer significativement vos savoir-faire en matière de négociation. Il vous reste maintenant à vous lancer. Pour vous y aider et afin de faire une synthèse opérationnelle de ce que nous venons de voir, je vous conseille de respecter le processus suivant, véritable plan pour mener à bien vos futures négociations.

Préparez votre négociation

Le sérieux de la préparation est la marque des grands compétiteurs. Pour réussir vos négociations, il vous faut réunir quatre atouts avant de s'asseoir à la table.

1er atout : Des objectifs précis concernant vos niveaux d'aspirations et les fourchettes d'accords possibles

Embarqueriez-vous sans savoir où vous rendre ? Véritable fil d'Ariane, vos objectifs vous guideront en permanence pour atteindre, sans ennui, le bon port. Ils seront l'occasion de discerner ce qui est possible de ce qui ne l'est pas et de vous poser les bonnes questions avant qu'il ne soit trop tard, c'est-à-dire avant que votre interlocuteur vous les pose de façon pressante et mette à profit votre impréparation. Ces niveaux d'aspirations et fourchettes d'accords possibles vous détermineront à gagner et vous donneront l'élan et la force de conviction pour négocier au mieux des intérêts de votre entreprise.

2e atout : Établissez votre balance d'échanges et de concessions

La balance d'échange des concessions est le préalable à toute négociation gagnante. À défaut, les concessions faites à l'interlocuteur risquent d'être léonines ou simplement déséquilibrées. C'est pourquoi en séminaire nous établissons avec les participants, validée par leurs dirigeants, la balance d'échanges de leur entreprise. Rappelons qu'elle consiste à mettre en regard de la valeur (coût) de toute concession, celle qu'il est possible et équitable de demander en échange. Plus grands sont les enjeux de la négociation menée, plus importante est cette première étape. La balance est un travail qui prend bien peu de temps et qui, dans de nombreux métiers est valable une fois pour toutes. Elle sécurisera vos échanges et développera l'indispensable réflexe du donnant-donnant, gage d'une négociation réussie.

3e atout : Apprêtez-vous à devoir décliner les avantages et bénéfices de vos produits réels et subliminaux, pour justifier vos écarts de prix

Nul client, sain de corps et d'esprit, n'est prêt à acheter un produit plus cher qu'un autre, si celui-ci n'offre pas une différence significativement avantageuse. Justifier les écarts de prix limite les remises et l'octroi de conditions spéciales. Comment ? En mettant au jour les caractéristiques qui font la différence et qui expliquent cette différence. On le sait, un train peut en cacher un autre. C'est le produit subliminal. C'est un produit qui est perçu par vos clients et dont ils n'ont pas parfaitement conscience. À défaut de connaître les aspects subliminaux de vos produits, et tous les bénéfices qui en ressortent pour ses utilisateurs, vous ne pourrez pas négocier convenablement.

4e atout : Faites-vous une idée des rapports de force

Commerciaux et clients ont des pouvoirs qui s'opposent et se contrarient. De ce rapport de force dépendra au final un équilibre dont les prix et conditions seront les régulateurs. Plus votre interlocuteur aura de pouvoir, plus grandes seront ses chances d'obtenir de meilleures conditions et plus délicate sera votre position. Il en découle la nécessité d'y voir clair et d'objectiver le pouvoir réel de chacun des protagonistes. Le prix et les conditions n'en seront que plus justes.

Les places les plus fortes ne sont pas sans quelques vulnérabilités. Les découvrir, n'est-ce pas la clef d'entrée de la forteresse ? Tenter de minimiser les forces de l'adversaire pour le déstabiliser, entretenir son doute et renforcer sa conviction que certaines de ses faiblesses sont rédhibitoires, fait partie du grand art militaire. Sur le même chapitre, faire valoir ses forces et dissimuler ses faiblesses est de bonne guerre !

Une fois en scène

Validez le désir d'achat

Maintenant le décor est planté ! Reste à tracer la route ; celle qui mène au succès. Cette route n'est autre que celle qui conduit à proposer un plan d'échanges séduisant pour votre vis-à-vis. Et comment le séduire autrement qu'en recherchant ses attentes profondes ; celles, au fond des choses, qu'il cherche à satisfaire par cette négociation.

Cette satisfaction de ses attentes et besoins n'est pas sans rapporter à notre interlocuteur quelques bénéfices. Alors quels sont-ils et que lui rapportent-ils ? Et en cas d'échec de la négociation en cours, que perd-il ? Quant à nous, que gagnons-nous si nous réussissons et que risquons-nous de perdre si notre négociation n'aboutit pas ?

Ne consentez à négocier qu'après avoir obtenu de votre interlocuteur des signaux d'achat forts et si possible un accord de principe, sous conditions que le tarif lui convienne. C'est le ticket que doit acquitter chacun de vos clients pour avoir le droit de s'asseoir à la table de discussion. Soumettre vos clients à cette formalité vous évitera de perdre votre temps en inutiles palabres et renforcera votre pouvoir de discussion et votre crédibilité à leurs yeux. En outre, ils aborderont la phase prix avec un maximum de désirs et un minimum de barrières.

Avancez, sans sourciller, une proposition d'ouverture élevée

Nous l'avons vu, ouvrir les « enchères » à un prix élevé, c'est autant de marge de manœuvre, de lest à lâcher et de chance d'aboutir que vous vous octroyez dans des conditions plutôt favorables.

Puis faites le tour des demandes, tentez de séparer ce qui est possible de ce qui apparaît impossible, ce qui est négociable de ce qui ne l'est pas. De même, c'est le moment de repérer les points d'accord et ceux de désaccord.

Défaussez vos mauvaises cartes, conservez vos atouts

Ici, les choses se passent comme si vous jouiez aux cartes. Cacher son jeu et éviter de découvrir ses faiblesses est la tactique de base. À défaut de pouvoir s'y tenir, si des reproches doivent vous être adressés, si des faiblesses notoires doivent apparaître, le mieux est certainement que ces choses-là sortent en premier. Au besoin, ayez la sagesse de prendre l'initiative de les évacuer vous-même. Vos faiblesses sont les forces de votre adversaire. En défaussant vos mauvaises cartes, vous obligez votre contradicteur à abattre ses atouts !

Dressez la matrice des exigences respectives

La matrice des exigences respectives clients/fournisseurs est d'un usage avantageux. Cette matrice fait apparaître quatre possibilités. Face à des exigences faibles du client, le commercial peut opposer des exigences faibles ou élevées. De même, face à des exigences client élevées, celles du commercial peuvent être faibles ou *a contrario* élevées.

Bâtissez votre stratégie d'échanges

C'est là tout l'intérêt de la « matrice des exigences respectives ». Celle-ci met en lumière les points où l'accord sera difficile à trouver et étalonne les valeurs d'échanges possibles. En ce sens, la balance d'échanges et la matrice des exigences conjuguent leurs efforts. La balance d'échanges nous a donné l'échelle des valeurs des concessions à faire et des contreparties à exiger en retour. La matrice des exigences respectives, quant à elle, éclaire sur ce qui est possible ou ce qui ne l'est pas dans le contexte de l'entretien. Autrement dit, elle indique la stratégie à mettre en œuvre : prétendre à des exigences élevées là où l'on dispose, en réalité, de possibilités de largesses. En pratiquant ainsi, le bon négociateur valorise au mieux les concessions qu'il fera. En échange, il demandera et obtiendra des contreparties sur des points contraignants pour son interlocuteur.

Concluez enfin votre affaire

Pour conclure une affaire, il ne s'agit pas que de « la toper », faut-il aussi préciser les termes de l'accord en les récapitulant un à un et en insistant sur les contreparties. Conclure, c'est aussi préserver l'avenir de la relation. Autrement dit, c'est veiller à éviter tout quiproquo qui déliterait l'accord sitôt pris. Conclure un accord, c'est enfin annihiler tout esprit de revanche ou d'amertume. C'est au contraire la naissance d'un partenariat durable, volontaire et dont charges et fruits sont à partager.

Un dernier mot pour conclure

Depuis une quinzaine d'années un courant de pensées, d'origine universitaire et à résonance humaniste, laisse entendre que, pour qu'une négociation soit menée à bien et de façon pérenne, elle se doit de faire deux heureux gagnants ! C'est le fameux concept de gagnant-gagnant. En juxtaposant ces mots, il n'est pas jusqu'au correcteur d'orthographe de Microsoft qui me signale une faute, une sorte d'incongruité inconcevable dans une négociation, tant pour lui gagnant-gagnant est impensable. Je ne suis pas loin de partager ce point de vue.

Pour nuancer cette position par trop péremptoire, je dirais que mon expérience de la négociation m'a fait acquérir au moins deux certitudes. La première est qu'une négociation réussie et durable oblige effectivement à ne faire que d'heureux gagnants qui, comme je le rappelais ci-dessus, partagent charges et fruits. En revanche une seconde certitude vient tempérer la première : la compétition économique d'aujourd'hui astreint les négociateurs, acheteurs comme vendeurs, à devoir s'inscrire dans une logique de gagnant plus ou gagnant moins !

Ce livre promet à tous ceux qui mettront en œuvre ces méthodes et qui suivront mes conseils, d'être assis à la table de négociation du côté de la cuillère. Peut-être un jour aurons-nous le plaisir de l'évoquer ensemble au cours d'un de nos séminaires ou sur notre site Internet[1].

1. www.forventor.fr

Annexe 1

Votre savoir-faire commercial est-il au top ?

Sur le site ForVentOr, le bilan gratuit de vos forces et faiblesses en vente et en négociation

Dans le souci d'aider mes lecteurs et de leur permettre de continuer à progresser, j'ai mis **gratuitement** à leur disposition sur notre site *forventor.fr* les tests de connaissances que mes collaborateurs et moi-même utilisons pour réaliser nos diagnostics de connaissances commerciales. Ces tests, de grande qualité, nous permettent d'adapter nos programmes de formation aux besoins des stagiaires ou d'assister les dirigeants dans l'élaboration de leur plan de formation commerciale ou encore de les éclairer lors du recrutement de vendeurs.

Ce bilan met en valeur votre potentiel commercial et vous invite à le réaliser pleinement. En passant ces tests vous bénéficiez d'un bilan personnalisé de la part d'un consultant ForVentOr. Cet inventaire très détaillé vous est commenté oralement, puis gracieusement envoyé. Vos forces et faiblesses en matière commerciale sont ainsi mises en lumière. Au-delà du corrigé dont le commentaire vous assure un progrès immédiat, nous vous conseillons des lectures, des vidéos ou encore nous vous indiquons quels stages suivre afin de vous perfectionner pour vendre plus et mieux.

Ces tests investiguent cinq grands domaines :

- Votre savoir-faire en prospection et conquête de nouveaux clients.
- Votre capacité à découvrir et à faire reconnaître un besoin chez vos clients.
- Votre art pour argumenter, répondre aux objections et conclure pour obtenir l'accord.
- Votre aptitude à défendre votre prix et à négocier avec vos clients.
- Votre adaptation à la gestion de votre portefeuille de clients, de votre organisation et de votre temps.

Annexe 2

Êtes-vous au top en management commercial ?

Sur le site ForVentOr, le bilan gratuit de vos forces et faiblesses en management et coaching des vendeurs

Dans le même esprit, pour appuyer les efforts de perfectionnement de mes lecteurs dirigeant une équipe de vente, j'ai également mis **gratuitement** à leur disposition sur *forventor.fr* les tests de savoir-faire en management et coaching des encadrants que mon cabinet utilise pour réaliser les bilans de compétences en la matière. Les lecteurs, managers commerciaux, peuvent ainsi identifier leurs forces et faiblesses, repérer les zones de progrès possibles et renouveler leurs techniques de management.

Cet inventaire tout aussi détaillé que celui proposé aux commerciaux vous est commenté oralement par un consultant ForVentOr, puis gracieusement envoyé. Le corrigé vous prodigue des conseils en management et coaching immédiatement exploitables. Nous vous conseillons des lectures et nous vous indiquons quels éventuels stages suivre afin d'**améliorer concrètement vos aptitudes à l'encadrement et au coaching de vos vendeurs**.

Ces tests analysent cinq grands domaines :

- Votre style de management et le type de responsable commercial auquel vous appartenez.
- Votre capacité à mobiliser vos commerciaux.
- Votre art pour diagnostiquer et assurer la compétence de vos commerciaux.
- Votre aptitude à les contrôler et à les évaluer.
- Votre savoir-faire pour concevoir et piloter un plan d'actions commerciales.

Index

www.ingramcontent.com/pod-product-compliance
Lightning Source LLC
Chambersburg PA
CBHW061157220326
41599CB00025B/4515

* 9 7 8 2 2 1 2 5 4 7 5 1 1 *